IRVIN D. YALOM
On Psychotherapy and the Human Condition

在生命最深处
与人相遇

欧文·亚隆思想传记

[美] 朱瑟琳·乔塞尔森 著　王学富 王学成 译
（Ruthellen Josselson）

机械工业出版社
CHINA MACHINE PRESS

图书在版编目（CIP）数据

在生命最深处与人相遇：欧文·亚隆思想传记/（美）乔塞尔森（Josselson, R.）著；王学富，王学成译．—北京：机械工业出版社，2016.2（2025.10重印）

书名原文：Irvin D. Yalom: On Psychotherapy and the Human Condition

ISBN 978-7-111-53014-5

I. 在… II.① 乔… ② 王… ③ 王… III.① 亚隆, L. D. －人物研究 ② 精神疗法－研究 IV.① K837.125.1 ② R749.055

中国版本图书馆 CIP 数据核字（2016）第 036028 号

北京市版权局著作权合同登记　图字：01-2008-3262 号。

Ruthellen Josselson. Irvin D. Yalom: On Psychotherapy and the Human Condition.

Copyright © 2008 by Jorge Pinto Books, Inc..

Simplified Chinese Translation Copyright © 2016 by China Machine Press. This edition is authorized for sale in the Chinese mainland (excluding Hong Kong SAR, Macao SAR and Taiwan).

No part of this book may be reproduced or transmitted in any form or by any means, electronic or mechanical, including photocopying, recording or any information storage and retrieval system, without permission, in writing, from the publisher.

All rights reserved.

本书中文简体字版由 Jorge Pinto Books, Inc. 授权机械工业出版社在中国大陆地区（不包括香港、澳门特别行政区及台湾地区）独家出版发行。未经出版者书面许可，不得以任何方式抄袭、复制或节录本书中的任何部分。

在生命最深处与人相遇：欧文·亚隆思想传记

出版发行：机械工业出版社（北京市西城区百万庄大街22号　邮政编码：100037）
责任编辑：董凤凤
责任校对：董纪丽
印　　刷：北京富资园科技发展有限公司
版　　次：2025年10月第1版第16次印刷
开　　本：147mm×210mm　1/32
印　　张：5.5
书　　号：ISBN 978-7-111-53014-5
定　　价：49.00元

客服电话：（010）88361066　68326294

版权所有·侵权必究
封底无防伪标均为盗版

致谢

我要向欧文·亚隆深致谢忱,因为他坦诚相助,付出时间接受采访,本书才得以完成。我要感谢我在菲尔丁大学的几位学生,他们阅读本书,做出评论,并协助我整理初稿。这些学生的名字是:卡坦亚·古德、基联·卡普、马格里特·拉班和苏姗娜·麦卡恩。感谢玛瑞琳·亚隆非常仔细地审阅本书的终稿。

——朱瑟琳·乔塞尔森

译者序

"感通"亚隆

翻译朱瑟琳·乔塞尔森（Ruthellen Josselson）写的亚隆传记，是一个发现亚隆，同时发现自己的过程。亚隆在全世界拥有为数众多的读者，他们通过各种方式把自己的感受和感动告诉亚隆，诉说他的书怎样触动了他们的生命，改变了他们的生活。本书作者是美国存在主义心理学家，她很早接触亚隆的著作，感受到亚隆陪伴她经历了人生旅程中的某些幽暗地带。在这本书中，她收录了大量对亚隆的采访实录，目的是保留亚隆思想的原味，让读者围鼎尝脔。

作为亚隆著作的读者，亚隆传记的译者，同时作为在中国从事心理咨询与治疗实践的心理学家，我熟悉亚隆，理解他，跟他之间没有阻隔，因此，我用了一个词，叫"感通"。如果借用亚隆最喜欢用的一个词，就是"旅途伙伴"。通过阅读亚隆的著作，我们跟他一路同行，发现他所经历的正是我们正在经历和即将经历的，他所表达的是我们内心里感受到，但没有完全表达出来的东西。我相信，亚隆会给中国心理治疗界带来很重要的启示，可以引发我们对许多重要问题的反思。

亚隆是美国最重要的精神病学家和心理治疗学家之一，也是在团体治疗领域里具有开拓性贡献的领袖，在一次全美投票调查中，亚隆被选为至今依然健在的三个最重要的心理学家之一。他大大拓展了精神病治疗和心理治疗的范畴，特别是把存在主义哲学和文学的医治因素带入到心理治疗之中，并加以融会贯通，这使他成了一位存在主义心理学的治疗大师。但同时，亚隆并不是要建立一个自己的体系，他甚至不认为存在主义心理学是一个像精神分析那样的治疗学派，而视之为人类体验和反思自身存在的思想。他认为，不管一个治疗师接受何种治疗学派的训练，都可以让自己具备存在主义的思想品质，从而不惮于与病人探索生命中最根本的存在问题。

存在主义哲学和存在主义文学很早就被介绍到国内，而存在主义心理学却姗姗来迟。此前许多心理治疗学派也陆续被介绍到国内，最早是精神分析心理学，然后是行为主义心理学,接着是人本主义心理学,以及由它们派生出来或另行创立的心理疗法,如认知行为疗法、理性情绪疗法、家庭系统辅导,等等。而存在主义心理学到最近几年才开始有一些"先声"。首先是一些重要的存在主义心理学家的书被介绍到中国来,如在罗洛·梅(Rollo May)的译介和研究方面,郭本禹、杨韶刚主编的《罗洛·梅文集》,杨韶刚著《寻找存在的真谛:罗洛·梅的存在主义心理学》,等等。另外一个重要的存在主义心理学家布根塔尔(James Bugental)也被介绍进来,如车文博的《人本主义心理学》一书中专章介绍了"布根塔尔的存在分析心理学",但其译著尚未见到。弗兰克尔(Victor Frankl)的一些书被翻译引进到中国,如赵可式等译的《活出意义来》,何忠强、杨凤池译的《追寻生命的意义》,常晓玲译的《弗兰克尔:意义与人生》(古尔德著),研究方面如刘翔平著《寻找生命的意义:弗兰克尔的意义治疗学说》,等等。施奈德(Kirk Schneider)是当代美国存在主义心理学的重要代表人物。据我所知,他的《存在心理学》正在由南京师范大学心理学教授郭本禹翻译。而对施奈德的研究也刚刚起步,现任教于江苏教育学院的程世英副教授在南京师范大学读研期间,其硕士论文是《施奈德存在主义心理学及其心理治疗观》。

最近一些年，亚隆（Irvin Yalom）开始在中国产生越来越大的影响，背后的推动者如美中心理学院在北京致力于推动亚隆的团体辅导培训。亚隆的书籍也陆续被翻译成中文出版，如侯维之译《当尼采哭泣》、张怡玲译《给心理治疗师的礼物》、李鸣等译《团体心理治疗：理论与实践》、鲁宓译《诊疗椅上的谎言》、童慧琦译《日益亲近：心理治疗师与来访者的心灵对话》、张亚译《直视骄阳》、张美惠译《爱情刽子手》、易之新译《叔本华的治疗》，等等。最开始，许多人把亚隆当作团体治疗领域的领袖，后来才开始对其存在主义的思想根源有所了解。

翻译亚隆传记，对亚隆有以下的感受和理解：

他真实、坦诚，是一个"人"，充满了人性的温情。

他身上有一种勇毅的精神，直面人类生存的根本问题，包括它的悲剧性质，虽然如此，却又带着乐观的心态，奋进不息，在我看来，这就是一种直面精神。在他看来，这是尼采代表的一种精神品质，却跟《论语》所谓的"士不可以不弘毅，任重道远。仁以为己任……死而后已"颇为相通。

他的治疗是一种深度的治疗，他跟病人走到生命的深处，世界的深处，生活的深处，触及人类终极关怀的基本主题：苦难、死亡、自由、选择、责任，从中获得真正的觉察。

他对人充满温情，对人性有深刻洞察，把治疗看作生命在关系里经历医治的相遇（therapeutic encounter）和彼此的了解（interpersonal learning）。

他不断探索心理治疗的奥秘，忠于自己的感受，把自己的体验告诉人们，影响了人们对心理治疗的理解。

他把存在主义哲学和存在主义文学带入到心理治疗的实践中去，拓展了心理治疗的范畴和资源。

他把心理治疗看作生命的责任（commitment）和神圣的使命（vocation），而不只是一种职业或专业（profession）。

他通过心理治疗进行生命的冒险，与病人一起走向人类心灵深处，探索各种医治的可能性，同时又克己自守，恪守专业的、伦理的、生命的品质。

他强调治疗过程中的即时化体验与反应，称之为"当下体验"，在这一领域，他有可贵的经验，给我们带来启发。

他善于讲故事，能够从故事中发掘出丰富的治疗因素。

他反对诊断手册式的过分强调病理诊断的治疗倾向，也反对治疗指南式的结构化治疗模式。

存在主义心理学是一个具有"智性"取向的心理治疗学派，它对苦难、意义、自由、死亡、焦虑、选择等人类终极关怀的主题有极深的关注与思考。我相信，存在主义心理学与中国文化有很深的内在联系，会引起中国心理学学术界和治疗界的兴趣和热情。

正当我们翻译完本书之际，我们也筹办了一个存在主义心理学国际会议，有一批存在主义心理学家从美国、欧洲、日本、中国香港等地来到南京举办存在主义心理学东方与西方的对话，同时在北京和上海举办存在主义心理学工作坊。让我们欣喜的是，一直"犹抱琵琶半遮面"的存在主义心理学，现在终于"千呼万唤始出来"。

最后，感谢机械工业出版社的信任，把这本重要的书交给我翻译。本书是由我和上海财经大学文学院副教授王学成共同翻译，此后又得到刚从英国留学归来的蒋慧小姐的协助，在此一并感谢。

虽然几易其稿，在翻译过程中也算尽力而为，但交稿时内心依然诚惶诚恐，惟恐其中留有疏漏之处，又没有更多时间去细细咀嚼，把原文中的意思把握到最准，找到最恰当的中文对应词语，只能留下缺憾，让有心的读者去批评指正，不胜感谢。

王学富

南京直面心理咨询研究所

目录

致谢

译者序 "感通"亚隆

引言 /1

在初识亚隆后的十年之后,我一度在生活中陷入绝望,是他的书给我以勇气和希望。

第1章 缘起 /7

对于出生于工人家庭并从未涉足过哲学的亚隆来说,这是一个全新的世界。

第2章 存在与超越的困境 /59

在精神病学的辞典里是找不到"选择""责任""死亡""生活目的"这样的术语的,但所有的治疗师都知道,这些恰恰是病人最关心的问题。

第3章　旅途伙伴　/ 85

亚隆眼中的病人并不是有着怪异行为的心理异常者，而是"旅途伙伴"，他想表现的是彼此相遇时的人性情感。

第4章　心理治疗与哲学之间的对话　/ 95

"你还记得我们在绿洲相遇的那个晚上吗？你说你来找我寻求帮助，而实际上，当时我也在前往向你求助的路上。"

第5章　心理治疗的前景　/ 115

"你必须具有足够的勇气和创造性，才能做到为每一位病人量身定做一套新的治疗方法"。成功的治疗靠的是两个人建立关联。然而在这点上，一个治疗师可以走多远呢？

第6章　亚隆对其治疗工作的反思　/ 137

我们必须先认识人的境况，然后才想如何去着手处理。

编后记　/ 153

欧文·亚隆著作列表　/ 157

注释　/ 162

引言

IRVIN D. YALOM
On Psychotherapy and the Human Condition

他的作品给人带来精神的启发和心灵的触动。尽管他获得了许多奖项,但他最珍视的却是被他的作品所触动过的无数个生命。

欧文·亚隆（Irvin Yalom）是当今世界上最著名、著作流传最广、最有影响的精神病学家之一。他的许多著作不仅给心理治疗师带来启发，也深得普通读者的喜爱；借此，亚隆为我们在这个令人困惑的世界上的生活提供了指南。在最近一次对美国心理治疗学家的投票中，他被选为至今健在的三位最重要的心理治疗学家之一，而他的著作在世界范围内的成功出版流传，表明他的影响力是国际性的。

亚隆并不把自己看作众多心理治疗学派或方法体系之一的代表人物，他探讨的是心理治疗的本质。亚隆关注的是人类存在关怀（existential concerns）这一根本话题，致力于发现生活的意义和面对死亡的问题，而这些主题在过去是一直被置于精神病学领域之外的。

亚隆采用文学的写作形式（在这一点上，评论者曾将他与弗洛伊德相比较），详细描述了在心理治疗过程中人与人亲密相遇的真实情形。亚隆并不惮于表露自己对眼前所发生的一切的看法和情感，他本身也是一个人，容易受伤，却坚持求索。他理解病人，尽量医治他们，他坦率，他不仅向病人表达自己的洞察，还袒露自己的疑惑、不同看法以及他的挣扎。他撰写了两本教材，两部案例史故事集，三本心理治疗小说，一本为治疗师提供的指南用书，以及一本帮助人们面对死亡的咨询书籍。在所有这些作品中，他探索了医治的无限资源和复杂的可能性因素，而这些都内在于人类真诚关联和对人类生存困境的真正觉察之中。他的作品给人带来精神的启发和心灵的触动。尽管他获得了许多奖项，但他最珍视的却是被他的作品所触动过的无数个生命。

***

我最初通过欧文·亚隆的作品与他"相遇"是在1970年，当时我还是一个临床心理学实习医生。我接受训练的机构是马萨诸塞精神卫生中心，那是一个精神分析思想的森严堡垒。但在这里，我却牢牢抓住了亚隆的《团体心理治疗：理论与实践》（*The theory and Practice of Group Psychotherapy*），并用它作为武器，去挑战在这个机构里占据主导地位的正统思想。那时，亚隆采用了一种激进的方法进行心理治疗，倡导人们重视治疗师和病人的关系，并把心理治疗理解为人与人之间的彼此了解（interpersonal learning）。这在当时可算是颇具震撼力的观念，因为在那个时候，人们还在为治疗师对病人说"早上好"的暗示作用而争论不休，他们担心这句问候语会阻断病人经由自己的幼年经验对治疗师发生移情。亚隆的主张是：治疗师与病人一起创造一个人性化的、充满温情的关系，而这种关系具有多多益善的治疗效果；治疗的重心应放在发展成人性质的关系，使病人在生活中可以跟他人建立这种关系；治疗师可以真诚地与病人一起谈论人所共有的人生困境等，所有这些观念可以说是颠覆性的。这本书当然受到了我的教授和督导们的轻视，然而它预示了我那一代人的巨大变化，我们看到了书中所包含的智慧，并因此开始慢慢地、经年累月地修正我们对治疗工作的理解。如今，当我阅读当代关联模式的精神分析时，我看到在30年后的今天，精神分析研究发现了亚隆那时所教导的东西。

的确，《团体心理治疗：理论与实践》可能是在所有心理卫生实践领域中最广为人阅读的著作，到现在它已是第5次再版，被翻译成17种语言。

然而，亚隆的影响并不局限于心理治疗从业者的范围，他把自己对存在问题的洞见进行提炼，通过小说的形式体现出来，这些小说在世界范围内受到心理治疗行业之外的人们的喜爱。亚隆每天都收到来自许多国家的信件和电子邮件，人们详细地向他描述他的小说怎样改变了他们的生活。

在初识亚隆著作十年之后，我一度在生活中陷于绝望，就

引 言

在这时我读到《存在主义心理治疗》(Existential Psychotherapy)，即亚隆的第二部经典著作。当时我正处于和意义与孤独的问题的搏斗之中，书中的睿智之语好像在直接对我诉说。阅读亚隆书中的话语，感受到他仿佛就在我的身边，给我以勇气与希望。读他的书，我感受到他本人是一个以心相慰的朋友，一个曾经同样经历过这种黑暗并且已经找到一线光明的人。于是，我成为经年累月给他写信的众多读者中的一员，我在信中感谢他写的书，告诉他我是多么受惠于他的帮助。让我吃惊的是，他回信了（这发生在电子邮件出现之前，回信需要在信封上写上地址和贴上邮票）。由此，我们开始了持续27年的作为朋友与同行的关系。

鉴于亚隆在精神病学及其他领域的独特性和特殊性，我将通过这本传记去理解一些根源性的问题：他那具有特殊形式的智慧从何而来？他把智慧传达给别人的能力又源自何处？他是沿着一条怎样的路走到了这里？怎样才能对人之存在问题具有如此精微和富有洞见的理解？

在这部思想传记的写作过程中，我意识到自己像所有非凡人物的传记作者一样，面临一个如何诠释天才人物的问题。天才本身是一个自然发生的现象，不是构成他自身的各个部分的简单总和。创造力包括这样一些方面：从这个世界既有的可用之物中提取某些新的事物，并把它们带入到存在之中，并为它们塑造一种新的形式，而这种形式又引导我们以不同的眼光来看这个世界。亚隆的精湛技艺在于：他能够将哲学、文学和精神病学融会到一系列著作之中，这些作品给所有人的生活带来启迪，对那些遭遇心理苦痛并在寻求医治的人来说尤其如此。在这部思想传记中，我试图探寻亚隆思想的源泉、养料和成果。

亚隆著作具有吸引力的部分原因是，他用简朴的语言清晰地表达了人类现实的最深层面。因此，我选择在必要的地方保留他的原话，并将我对他的访谈资料、他作品的引文，以及我对他思想的综述组合在一起，构成了这本书的基本内容。

第 1 章 缘起

> 如果我们专心思考我们活着（即我们在世界上存在）这个事实，并且尽力把那些让人分心的、琐屑的事物置于一边，尝试去认真考虑导致焦虑的真正根源，我们便开始触及某些基本主题：死亡、无意义、孤独和自由。我每时每刻都在用这些词语思考问题，非常认真、严肃地对待它们。我的思想从来没有远离过《存在主义心理治疗》的基本框架，这本书集中讨论的就是这些基本主题。
>
> ——欧文 D. 亚隆

让我从一段对欧文·亚隆的访谈开始,来追寻其思想的发展轨迹。这个访谈探讨的是亚隆精神病治疗和心理治疗方法的起源,我把这个访谈复制到本书之中时,对其略有修改。我认为,对读者来说,重要的是通过亚隆怎样谈论自己来了解他本人。当然,印刷的文本没办法显现他那浑厚而富于表现力的声音,这只能靠读者自己去想象了。

对亚隆来说,是罗洛·梅(Rollo May)的《存在心理学》(Existence)一书为他打开了一片新的视野。那时,亚隆是精神病学驻院医师,因为罗洛·梅的这本书的引导,他开始修读约翰·霍普金斯大学的哲学课程。对于一个驻院医师来说,每周花三个晚上去研读西方哲学还是颇有难度的,但他还是逐字逐句阅读了伯特兰·罗素(Bertrand Russell)的《西方哲学史》。

对于出生于工人家庭并从未涉足过哲学的亚隆来说,这是一个新的世界。在孩提时期,他生活在华盛顿特区的贫民窟里,沿着他父亲的商店朝北走一个街区是危险的。在他14岁的时候,他家搬到华盛顿一个舒适和安全的社区,他也进了一所好一点的学校。基于他对人的生存困境的深刻理解,亚隆开创了心理治疗的新途径;然而在这条探索的路上,他并没有遇到多少引路人。

第1章
缘　起

亚　　隆：出于某些现在在我看来难以理解的原因，在大学期间我极其忙碌，急切渴望进入医学院学习。在那个时期，医学院对犹太学生有配额限制，占5%。乔治·华盛顿大学有一个班级是100名学生，但只招收5个犹太学生。因此，我对未来非常担忧，这可能是我一生中感到最为担忧的一个时期。我只读了三年大学，便开始申请进入医学院（某些医学院允许你那样做），这给我造成了很大的压力。在这件事上，我的打算是，要在所有功课上都争取得A，这样医学院就必须接受我。事实上也的确如此。

朱瑟琳：为什么在当时进入医学院对你如此重要、如此关键？

亚　　隆：我看不出在当时我的生活中还有什么其他的选择。我住在一个文化意义上的贫民聚居区。事实上，住在那里的人对外面的世界没有一个实际的看法。没有人引导我，也没有人可以请教。就像我同辈的人一样，我觉得，那是走出贫民隔离区的唯一途径。

朱瑟琳：医学院吗？

亚　　隆：是的。考医学院是我唯一能够看到的出路。否则，我就得跟父亲经商。还有第三个选择，就是进一个比医学院要求低一点的学校，或许是牙科学校。我当时看不到自己还能做其他的事情，类似的这种经验，其他人也有过。

朱瑟琳：那么，你这是在追求经济境况的改观，而不是为了帮助他人或做……

亚　　隆：不，不是，这并不是为了改变我的经济境况，完全不是这么回事。问题的关键是，我要走出隔离区○，进入摩登的大千世界，扩展自己的视野，过另外一种生活。我父母都很勤劳，勤劳得让人难以置信。在我读大学的时候，他们的酒类专卖店和杂货店已经让我们家过上了比较舒适的生活。因此，我的选择与钱无关。即使在当时，我已经知道，如果我选择经商，会变得更加富有。但我感到一种追求思想、追求文学的生活在向我召唤。从我记事时起，我便如饥似渴地阅读，想找到进入那个世界的

○ 亚隆少年时代时，美国的很多地区还在奉行种族隔离制度，而身为犹太人的亚隆一家也与黑人一起受到歧视，居住在黑人区。——译者注

第1章
缘　起

途径。如果我想进入到托尔斯泰的世界，我就必须要有思想，要做到这一点，唯一的途径就是进医学院。一旦进入医学院，我就会进入到精神病学的领域，这将使我与追求思想的生活越来越接近。我那时一直都是这么想的。

朱瑟琳： 当时你置身于隔离区，如果从这个角度来看，你是怎样理解精神病学的？就你的回忆来看，你那时对精神病学的看法是什么？

亚　隆： 我不记得那时是否读过什么相关的东西，但却记得，在我当时的理解里，精神病学是研究思想的，是研究我们怎样思考的。在大学本科期间，我应该，但记不起来了，应该修读过变态心理学的课程。在这一点上，我的记忆有点模糊，不敢十分肯定，因为我选修的纯粹是医学院的预科课程。

朱瑟琳： 那是在20世纪40年代末，对吗？当时你在读大学？

亚　隆： 是的。那是在1949~1952年。在我三年大学期间，因为医学预科要求很高，我选修了四门课程，每门都是文学专业的。我把这些课程挤进本来已经很满的课程表中，如美国诗歌和世界戏剧。所以，我尽量向文学领域拓展，但对一个人怎样通过文学来勾画自己的生活却毫无概念。

朱瑟琳：你当时认识什么精神病学家吗？当时在这个领域也没有电视节目……

亚　　隆：不，我不认识这样的人。

朱瑟琳：我在想，你在那时是怎样了解到什么是精神病学这一概念的。因为在20世纪50年代早期，精神病学的概念跟现在的很不相同，而精神分析在战后只是刚刚开始起步。

亚　　隆：我在大学时期对此一无所知，我真希望那时能够有所了解，比如了解某些治疗方法可以用来治疗我的焦虑，那对我来说真的很幸运。我比较清楚地记得，当时我怎样做出决定要成为一个医生。首先，就是你刚才提到的一种愿望：想成为一个有用的人，能够去帮助别人。

大约在我14岁的时候，我父亲患了心脏病。我很清

第1章
缘　起

楚地记得那一天，是因为那个夏天我想去参加夏令营，而却没能如愿，因为母亲要打理杂货店，而我必须待在家里照料父亲。也是在这个时候，我在暑期学校学习了三角学课程，那是初中的课程。

我非常清楚地记得父亲冠心病发作的那天晚上。那是午夜时分，妈妈和我都在家。妈妈失去了控制，像发了疯一样地寻找一个可以责怪的对象（她习惯如此），而这个对象就是我。她对我大声吼叫："你杀死了他，你要为此负责，是你的行为，是你总惹麻烦，才导致他冠心病发作。"

我焦躁不安地畏缩在角落里，等待本杰明·曼彻斯特医生到来。当我听到他的汽车轮胎在我家门口拐弯处摩擦出的声音，我感到如释重负。我清楚地记得他那圆圆的、友善的脸庞，仿佛就在昨天。他具有一种奇妙的安抚人心的能力，他抚弄着我的头发，让我用他的听诊器听父亲的心跳，并向我保证说，父亲的心跳像时钟一样有规律，他会康复的。

这也许都是我重新建构的回忆，然而，就在当时，就在那个情景之下，我做出了一个决定：我要进医学院，要像曼彻斯特医生所做的那样去服务他人。因此，当时有两个原因引发了我的雄心壮志：成为一个医生和成为一个作家。

朱瑟琳：请多告诉我一些有关你想成为一个作家的想法吧。

亚　隆：这些年来，我零零碎碎写了许多诗歌，我一直喜欢写作。应该是从小学算起吧，只要一门课中有某些有关写作的练习，我的那门课就会很好。我的作文总受到赞扬，有时被老师大声朗读，有时被张贴在布告牌上。这是我在学校表现优秀的一个途径。

我很会讲故事，每当学校有某种形式的表演和演讲时，我讲的故事总能让人听得入迷。我如饥似渴地阅读，头脑里储存了大量的故事。我童年的一个嗜好就是搜集过期的《读者文摘》。

我收藏了大量的《读者文摘》，每周我都会骑车到华盛顿七街和K街的中心图书馆，背包里装满了一周要读的书。距此一个街区之遥，有一些二手书书店，所售的二手书中就包括《读者文摘》。有时，

第1章
缘　起

它们售价不菲，每本卖到三四美元，我始终都买不起最早版本的过刊。在我的记忆里，这个杂志是1921年创刊的，我比较完整的收藏是1927年以来的过刊。

《读者文摘》里有一些奇怪的小故事或奇闻轶事，通常是几篇短文，讲述发生在人们身上的一些故事，它们总是非同寻常，能够改变人们的生活。我使用了许多从这里读到的故事，讲给班上的同学们听。

在大学期间，我很少写作，因为我所在的乔治·华盛顿大学上课人数很多，老师很少布置写书面小论文的作业。

朱瑟琳：嗯，说到高中生活和你讲故事，你是否记得在某个特别的时间你讲了一个特别值得回忆的故事，让你能够一下子想起那段时光？

亚　隆：那时我有一位英语老师，我称她麦考莉小姐。她也是玛瑞琳（我的妻子，我们在高中时期相识）的老师。她非常喜爱玛瑞琳，却很讨厌我，认为我总是在玛瑞琳身边转来转去，搅扰她的生活。因此，她把我称作"衣柜牛仔"（locker cowboy）。

玛瑞琳受人喜爱，在班级名列第一，是学校新闻、学生会以及校际活动中的明星。她非常有社交魅力，许多老师都对她特别关心。然而，那时的我却是一个总是紧张不安的书呆子，我觉得自己缺乏魅力，并对自己的相貌感到难堪。如今，当我回头去看我那时的照片时，我发现自己是一个相当有魅力的年轻人，因此会感到震惊，那时怎么会对自己的相貌有那样错误的看法。麦考莉小姐对我极其苛刻。最近浏览昔日的纪念品，我发现了我在10年级或11年级上她的英语课时写的一篇作文，那是一篇充满诗情画意的文章，表达的是我对棒球的赞美之情，那时我是一个铁杆的棒球迷。她对这篇作文的评语相当严厉，她蔑视我对棒球这等小事如此满怀热忱，在我的作文上方打了个"B-"，而且在我的作文里随处打上红色标记，大肆嘲笑我的热情。她绝对是一个让人感到窒息的老师。如果从教师应该鼓励学生这个角度来说，她算是一个可怕的反例。

第1章
缘　起

即使到了现在,当我再次读到她的苛刻评语时,都几乎能流下泪来。我曾想写一个故事,却一直没有动手去写,内容是关于一个男孩遇到一个像麦考莉小姐那样的老师,这个男孩心里有一个计划,就是在多年后功成名就,然后再回到那个老师身边,向她炫耀自己的著作和成就,给她一点颜色看看。不过,在他最终回到那个他曾经就读的高中时,那个老师已经去世多年了。

朱瑟琳: 你有没有遇到过对你有所鼓励的老师呢?

亚　隆: 在儿童和青少年时期,我从未遇到过鼓励我的老师,我真希望遇到这样的老师。在最后的几年,我意识到自己产生了一个幻想——有时候,当我骑车或散步时,头脑里就会浮现这个幻想,它使我感到自己充满了力量。这个幻想一旦开始就无法停下来,它仿佛有自己的生命。这个幻想对我说:当我在上初中时,有一位老师来到我父母的商店,告诉他们说我是一个非常优秀的学生,他们应该把我转到一个名校,某个非常有名的私立学校。我父母当即表示同意,他们总是鼓励我接受好的教育,于是这个老师就成了我的导师,对我的写作特别感兴趣,还鼓励我去参加学校的棒球队和网球队。

朱瑟琳: 就没有什么人对你表示过特别的兴趣吗?

亚　隆: 没有,一个也没有。从高中到大学,我没有遇到过那样的老师,从来都没有过。

朱瑟琳: 那是什么在支持着你坚持向前走的呢?

亚　隆: 嗯,在我的生活中,玛瑞琳起了极其关键的作用。现在谈到十年级,大概是在这个时候我认识了她。她比我低一年级,我参加过她在初中时期作为优秀学生代表的演讲。大约在我15岁的时候,我们开始确定我们的关系。她与我情意相投,我们在一起时经常讨论文学。我们谈论陀思妥耶夫斯基、斯坦贝克(Steinbeck)和托马斯·伍尔夫(Thomas Wolfe)。她是我认识的人中唯一读书像我一样多的人。在我人生的形成期,她具有无比的重要性。而她具有某些我不具备的东西,那便是,她有好几个导师。在高中时,她的几位老师把她置于他们的关爱之下。其中有一个新闻老师悉心教诲她,还让

第1章
缘　起

她当校报主编。她的另一位老师是法文老师,让她明确自己的目标是去威尔斯利女子学院（Wellesley College）读书。而我到了高中毕业,除了当地的几所大学之外,我对国内其他任何大学都一无所知。

我姐夫考进了乔治·华盛顿大学,随后升入乔治·华盛顿大学医学院,后来成了一个很好的医生。我当时觉得,如果乔治·华盛顿大学对他来说是好的选择,那对我来说也应该是好的选择。所以,除了乔治·华盛顿大学之外,我没有申请任何别的大学。在高中时期,我是一个相当好的学生,成绩能位于班级前五名,因此我获得了乔治·华盛顿大学的奖学金,其中包括为我支付每年300美元的学费。所以,不管从何种意义上来说,我从来没有过导师。

上大学时,我也是一个默默无闻的学生,跟任何老师都没有私人交往。在整个大学期间,我只有一次成绩得了一个B（德语课）。我不仅每门功课都得A,还远高于其他学生,第二名的分数是85或90,而我的分数是99。我的成绩之所以远远高于其他人，唯一的原因就是我是一个对学习着迷的学生，学习起来简直像魔鬼一样疯狂。就像我在前面所说的，我要求自己必须在每门功课上都得A，那样的话，就没有人能够阻止我进入医学院。

经过3年的大学学习，我获得了近4.0的平均学分成绩。我申请了20所医学院，其中19所拒绝了我，但乔治·华盛顿大学医学院录取了我。

在医学院期间，像从前一样，我也没有跟任何一位老师建立私人的关系。回想起来，我没有（也未曾主动尝试过）跟哪位老师交谈。但这个缺憾还是得到了补偿，一是我与玛瑞琳之间的相互支持，一是我与一群年轻人建立了密切的关系，其中两人成了我最亲密的朋友。

毋庸置疑，进入医学院的第一年成了我人生中最糟糕的一年。玛瑞琳当时正在法国做为期一年的修学旅行，而我非常想念她，与此同时，学业的压力和焦虑的情绪让我感到不堪重负。为了离玛瑞琳就读的威尔斯利女子学院（在波士顿）近一点，我转到波士顿大学。

第1章
缘　起

随后,我在医学院开始学习精神病学课程,这给我的生活带来一个转折。我们每个学生都给指定了一个病人,对其进行治疗。然后,每一位都要轮流向严格的听众做案例报告,听众是由大约20~25名教员组成,他们大多来自波士顿精神分析学院。

朱瑟琳: 那是你第一次做案例报告?

亚　隆: 是的,这让我感到紧张不安。我很清楚地记得我的病人——一个红头发、脸上长有雀斑的女性,她比我大几岁。我与她进行8周的面谈(医科学生实习的时间长度)。在初次跟她面谈时,她告诉我她是同性恋。

这可不是一个好的开始,当时我不知道什么是女同性恋,以前从未听过这个词。我很快决定,要真正跟她建立关系,唯一的方式就是让自己诚实,因此,我坦诚相告,对她说我不知道什么是女同性恋,因此请她指教。经过8周的面谈,我们之间建立了亲密的关系。她就是我向教员团做案例报告的患者。

这时我已经跟其他同学参加过几次这样的会议，它们都让人感到备受折磨。在会上，每位分析师都会使用大量浮夸的、烦琐的陈述套路，试图以此表明自己胜过他人。对于那些被无情的批评压垮的学生，他们鲜有同情。而我只是站起来，像讲故事一样谈论我的病人，甚至我没有使用任何讲稿。我讲述跟病人见面的情形，她的样子和表现，我对她的感觉，治疗的进展情况，我向她承认自己在某些方面无知，因此向她请教，让她告诉我，以及我向她表示对她讲的东西很感兴趣，她开始信任我。我尽我所能去帮助她，尽管我没有多少招数去安慰她。

我讲完之后，现场一片沉默，持续良久。这让我感到困惑。我只是做了一件对我来说十分容易而又自然的事情。然后，这群精神分析师一个接着一个对这个报告做出评价，尽管他们忍不住要彼此争一下高下，说一些诸如此类的话："嗯，这个报告一目了然，没有什么可说的。我们没有什么意见。这是一个非常出色的案例，显示了一种令人吃惊的、亲

第1章
缘　起

密的关系。"而我当时所做的,只是讲了一个故事,这对我来说非常自然,毫不费力。这绝对是一个让我大开眼界的体验:就在那个时刻,那种情景之中,我找到了自己在这个世界上的位置。

对亚隆来说,这是一个让他获得人生定位的时刻。每当忆起和谈及这件事,他都为之深深动容。从某种意义上说,从那时起,他的工作就是讲故事,关于他作为治疗师与人相遇的故事,关于他指导我们与他人建立有意义的联结的故事。当他试图在生命最深处与人相遇的时候,当他要与他们建立具有医治意义的关系的时候,他依然保持着那种谦逊的品质,让人们教导他怎样真正去了解他们。

那样一个时刻也向亚隆指明了一条路,让他走出整个受教育过程中那种被埋没的体验。虽然他过去在学业上取得了优秀的成绩,但没有人认识到他具有某种独特的天赋,对此他自己也十分模糊。但就在那个时刻,还是生平第一次,他得到人们的认可,因为他做了一件他的老师们过去从未见过的事。

朱瑟琳:你这是从哪儿来的勇气让你能去那样做呢?

亚　　隆：现在想起来，那并不是什么勇气。这已经是50年前的事了，我当时别无选择。轮到我做案例报告，而我做案例报告的方式就是那样。此后，每当我做案例报告，不管是实习教学或是课堂讲课，我都能让听众全神贯注，我一直拥有这种能力。

朱瑟琳：所以，在那个时刻，当你向分析师们做案例报告时，他们都沉默下来，不能以惯常的方式对此做出回应，而他们用来彼此一争高下的习惯模式也在这里变得失效了。此时，你感觉到他们认为你做了一件值得注意、相当重要的事情？

亚　　隆：是的，肯定是这样。这件事发生在几十年前，而我现在试着去理解它，我想到的是，当时我讲述的是一个精神病治疗案例，用的却是完全不同领域的方式对之进行陈述，那是文学的、叙事的方式，这就超出了他们的模式的把握范围。他们的专业术语、阐释系统与我所讲的故事没有什么关联。当然，这只是我的看法。我真想回到过去，去了解他们当时到底是怎么想的。

第1章
缘 起

朱瑟琳： 讲故事的方式有很多种，包括一般的案例报告，也是一种讲故事的方式。但你却用一种不同寻常的方式讲故事。

亚 隆： 我并不懂故事讲述法，或者说，我对从技术角度来研究如何讲故事是一窍不通。但我却懂得如何安排故事材料，从而创造出一种戏剧效果。

朱瑟琳： 你自己也置身其中。

亚 隆： 嗯，我自己也置身其中。我讲我是怎样跟她会面的，对她是个同性恋这一点，我又是怎样的一无所知，我讲到自己的困窘，猜测她对跟一个承认自己对她的生活方式完全不懂的分析师在一起谈话会是怎样的感觉，她可能担心我是否接纳她，并且感觉我好像是代表着精神治疗的世界跟她进行接触，向她显示这个世界对她一无所知，并且可能用某种方式排斥她。

朱瑟琳： 你没有评判她，没有从病理的角度对待她，没有做其他类似的事情。事实上，你做到用很人性的方式跟她建立关系。

亚　　隆：是的，确实如此。我没有排斥她，恰恰相反，我向她坦承自己的无知，而这让我们变得很亲近，这是一种在诚实中铸造起来的关系。

朱瑟琳：与此相对，从精神病学或精神分析的角度来看，她应该被诊断为是一个带着症状或病理的人。

亚　　隆：是的，我很厌恶对案例只做狭隘的病理分析的理论模式。

朱瑟琳：你在医学院时就对此感到厌恶吗？

亚　　隆：即使是在医学院也是这样，我不喜欢许多精神病医生身上的那种超然而冷漠的态度。

朱瑟琳：但是，你还是很坚决地进入精神病学领域，即使你很不喜欢他们的做法。

亚　　隆：是的。我也有过动摇，尽管医学里有很多我喜欢的方面。我喜欢照顾别人，很想像曼彻斯特医生曾经对待我那样去对待别人，但我从未考虑过在医学领域有所作为，我已经决定投身于精神病学。事实上，我已经开始阅读大量的精神病学书籍了。

第1章
缘　起

朱瑟琳：你都读了些什么？

亚　隆：嗯，我读精神病学的教科书。任何一本更具人道主义风格的书都会让我着迷。也许，罗伯特·林达（Robert Lindner）的《50分钟的一小时》（*Fifty-Minute Hour*）的出版恰逢其时。朱尔斯·马瑟曼（Jules Masserman）所著的一本原理与实践的教科书对我最有启发，因为它是一本另辟蹊径之作，此后我再没有看过这本书，但我记得他谈到"根本信念"（ur-beliefs）——这是关于生命的更为基本的存在主义命题。

朱瑟琳：看来，根据你的描述，是一种强烈的文学直觉引领你进入医学院，你已经感知到人们可以通过小说这条途径去经历深度认同。

亚　隆：是的，请允许我强调一下，在我整个人生过程中，从我十岁患腮腺炎时第一次读《金银岛》（*Treasure Island*）开始，我就一直在阅读小说。从青少年时期开始，我从来没有停止过阅读小说或故事。我一本接着一本地读。我每周带着一包读过的书去华盛顿的图书馆，然后把其他的书借回家。我的阅读范围很广。通过阅读，我进入另一个世界，我生活在一个可以交替转换的世界里。也许，因为我童年的生活环境很脏乱，书籍就成了我理想的避难所。

朱瑟琳：脏乱的具体情形是怎样的？

我住在一个很可怕的地方，那里老鼠横行，真是一个很糟糕的社区。在我家里有很多令人恶心的蟑螂。半夜起床一打开灯，看到大个蟑螂四处爬行，让我感到毛骨悚然。是的，那地方真是脏乱不堪，我一直不能克服我的蟑螂恐惧症。

朱瑟琳：所以说，你阅读小说是为了逃避这种恶劣的物质环境？

亚　隆：也是逃避恶劣的心理环境。在华盛顿，我们居住在黑人生活区。唯一的一个白人家庭距我家有三个街区，那儿有另一家杂货店。在那里我有一个玩伴，但他是一个很不友好的男孩。我的朋友不多，大多是黑人孩子，我父母不允许我带他们到家里来玩。

第1章
缘　起

朱瑟琳：你读书的学校也主要是白人孩子吗？

亚　隆：是的，当然是。那时候，华盛顿完全是种族隔离的，学校，甚至电影院、餐馆、泳池、喷泉式饮水机都是这样。现在看来，这几乎是让人难以置信的。学校距离我家有几个街区，我要穿过这几个街区进入白人区。我父亲的商店离种族聚居分界线只有约三个街区的距离，分界线那边是白人区。

朱瑟琳：是的，甚至出于种族隔离的目的，犹太人常被视同黑人。

亚　隆：因此，我跟这个街区的黑人男孩关系更亲密一些，跟那些土里土气的白人男孩却比较疏远。黑人孩子也经常保护我，使我免受白人孩子的欺负，所以，的确像你所说，我有那种体会。确实是这样，在这个聚居区，犹太人孩子和黑人孩子之间的关系要比犹太人孩子和非犹太白人孩子之间的关系要温暖得多。

朱瑟琳：你对外面的世界有什么感觉？毕竟那是在战争时期，这对你有怎样的影响？

亚　　隆：我记得我是通过新闻和新闻影片了解时局的。我经常看电影。离父亲的商店只隔一个街区的地方，有一个名叫西尔凡的电影院，它在街道的拐角处，我甚至不用穿过街道就可以到那个电影院。我一周去三次。只要我不到街上闲逛，不管我做什么，父母都会很高兴。那里通常有两部电影同场放映，当然，大多是战争片。这里也常放映反映战争状况的新闻片，这成为我借以了解外面世界的主要渠道。

我父母的关注和兴趣非常狭窄，他们完全是在为生存而忙碌：经营自己的生意，试图挣足够的钱，尽快搬到一个更好的地方去住，赡养自己的父母，极其关心身在故国的亲友。然而战争把一切的音讯都阻隔了，直到战争结束，他才得以跟故国亲友互通音信。这也是父母在这里的亲戚和朋友的实情，他们全都住在父母的商店的另一侧或者与商店相邻。

朱瑟琳：你谈到书籍成为你逃避的途径，我们沿着这个话题谈到你是在逃避什么，谈到那个交替转换的世界，以及你往返于交替转换的世界之间的那种感觉。但这里似乎还有另外一些东西——你想了解人是怎么

第1章
缘　起

一回事。

亚　隆：是的，我不能否认这一点。在华盛顿特区公共图书馆的一楼，我被陈列着许多传记的一个大书架吸引了。我从作者名字以A开头的书目开始，阅读了各种最为有趣奇异的传记。在名字以A开头的书中，我读了亚历山大大帝的传记，以B开头的传记中，我读了最伟大的斗牛士贝尔芒多的传记，以C开头的传记中，有泰·柯布和罗马皇帝康斯坦丁，以G开头的传记中，有被称为"华尔街女巫"的海蒂·格林，她是一个吝啬鬼，却成为华尔街股票投资市场上的百万富翁——我就这样从头到尾按照字母顺序随机性地阅读传记。

是的，回想起来，正如你所说，我可能是在寻找一条途径，去了解人是怎么一回事和怎样让自己走出隔离区。在我周围有一大群亲戚和同伴，他们无知，虽然不笨却缺乏教育，他们都不读书。我从未见到他们中有任何人读过一本书，或说点有些品位的话，或出于兴趣去看一场电影。我也从未见过我父母读过一本书。我身边没有一个人让我对之有所钦慕。

朱瑟琳：回到您在医学院做案例报告的那个关键时刻，我想那确实是一个重要的故事，因为在这一刻，除了你感到被认可（而这对您非常重要）之外，也是你第一次带着对人的文学敏锐感与当时方兴未艾的精神分析进行直接对话。

亚　隆：正是在医学院的时候，我开始阅读弗洛伊德的著作，他是一个讲故事的大师。他虽然没有因其文学才能而获得诺贝尔奖（尽管获得多次提名），却获得了歌德奖。弗洛伊德很能讲故事，我很喜欢读他的故事，但不喜欢他在故事的结尾采用杂耍式的歪曲，削足适履地把病人套进他的性驱动理论中去。

当我在约翰·霍普金斯大学做精神病学驻院医师时，遇到过几位指导老师，他们是很能讲故事的人，我对他们充满敬佩之情。他们定期做案例报告。他们中间最好的，是一位名叫奥托·威尔（Otto Will）的精神病学家，他是讲故事的大师。他来到这里，坐下来，不用任何讲稿，开始谈论一位五年来接受他的治疗的年轻病人。他的讲述让我着迷，以至于我总感到时间过得太快。还有一位同

第1章
缘　起

样令人着迷的精神病学家叫路易斯·黑尔（Louis Hill）。我对他们如此敬仰，巴不得自己成为他们那样的人。

朱瑟琳： 你敬仰他们，是因为他们讲故事的能力，还是因为他们帮助你理解了某些东西？

亚　隆： 呃，是因为他们非常有人情味。

朱瑟琳： 非常有人情味？

亚　隆： 他们有人情味，因此用充满人情味的话语讲述故事，没有任何行业术语，不用任何方式贬低病人。他们讲的是两个人如何建立关系的故事，而我非常喜欢那样的故事。哈里·斯代克·苏利文（Harry Stack Sullivan）说，心理治疗是两个人之间的关系，其中，一个人比另一个人更焦虑一些。

在做驻院医师的第三年，我每周五都和约翰·怀特霍恩（John Whitehorn）在一起，他是霍普金斯大学精神病学系主任。我们在医院观摩他跟病人的面谈，他会花上两三个小时去了解病人的生活状况。

他们的生活里并没有多少故事要讲,然而,如果他们是种植咖啡的农民,他就向他们了解与咖啡相关的事情。例如,如何种植咖啡,咖啡在种植期是怎样的,为什么把咖啡种在高一点的地方比种在低一点的地方更好。如果病人是一位研究16世纪历史的学者,他会花上几个小时询问西班牙舰队的起源与终结。有时他进行面谈的节奏让我感到有些不耐烦,他总那样从容不迫,但一次又一次,我惊讶地听到,病人开始慢慢显露出其精神病特征的思维和妄想系统中的多重因素。约翰·怀特霍恩是一位智者,他反对流行的精神分析的观念和术语,他一次次尝试去建立自己的理论。他运用常识,对每一个病人的治疗都是从零开始进行探索,分别去了解每个病人的故事,他从不使用一套固定的模式去对待病人。我很赞同他的做法,也正是从这个意义上,约翰·怀特霍恩一直活在我的心里。

朱瑟琳:我们来探讨一下常识和人本主义吧。你以文学的敏感给还原主义与精神分析领域带来了人本主义和常识,它们表现为这样一种能力:理解人们在怎样生

第1章
缘　起

活，这样生活对他们意味着什么，以及他们与你相遇对他们有何意义。而这对于整个精神病学的诊断发展历程来说，不管是过去还是现在，都具有同样的意义。所以，你也把这样的思考带给那些在生活中失掉了统合感的人，还有那些看上去可以健康生活然而陷入了症状或焦虑的人，你甚至对神经病患者和精神病患者不加区分？

亚　隆： 是的，我从不喜欢那样做，那样做会使我在治疗上变得过于蛮干，基本上说，有些病人是无法进行真正的沟通的。我们治疗的对象大多是患有严重精神分裂症的病人，但我会尝试一切可能的方式去与他们沟通。

朱瑟琳： 你觉得取得了成功吗？

亚　隆： 我突然想起一个病人，我都30年没想到过她了。这个女子叫莎拉，她患有紧张型精神分裂症，我每天都与她进行一次面谈。我接受的专业训练告诉我，紧张型精神分裂症患者会对周遭环境漠不关心，却能够回忆起或记住发生的事情。于是，我每次跟她谈大约半小时,就像闲聊一样,我跟她聊一聊我的日常生活,也会跟她讲我对她的内心活动所做的随意猜测。她从不回答,双眼只是空洞地盯着空中。

几个月就这样过去了,她的紧张型精神分裂症开始有所好转。我问她,这几个月来我一直过来跟她谈话,这对她有没有什么意义。我说,我其实不太相信这对她有什么必要,因为她看上去总是心不在焉。我永远都不会忘记她的回答:"噢,亚隆医生,在那些日子里,你就是我用于维系生命的食粮。"这对我来说感动至深,她让我明白:要信任这种关系,不必追求立竿见影的反应。

朱瑟琳:你让自己跟他们在一起,以便为他们提供帮助。

亚　隆:是的。我尽力让自己跟他们在一起,以便为他们提供帮助,我尽力从我的经验里学习。我身上有一种破除偶像的倾向,我想,这导致我没有从我的大多数督导师身上获得什么益处,尤其是那些采用消极的或过于生物学的、诊断性的或公式化的治疗方法的督导师。

第1章
缘　起

朱瑟琳： 那么，当你在接受督导过程中向督导师描述你的面谈情况时，会发生什么？他们对你的做法会做出何种回应？

亚　隆： 在我做驻院医师第一年结束的时候，怀特霍恩博士把我叫到他的办公室，对我第一年的工作做了一个评价："亚隆医生，你的督导们一致认为，如果你花更多的时间努力去发现他知道什么而不是去关注他们不知道什么，你的收获将大得多。"

我是在努力寻找更好的工作方法，但一切似乎都不对劲儿，可以肯定地说，我的分析师们所做的一切对我都不怎么合适。我一进入驻院实习阶段，就跟来自巴尔的摩——华盛顿精神分析学院的一位分析师开始了长达700个小时的精神分析训练。

朱瑟琳： 是什么东西看起来不对劲儿呢？

亚　隆： 是冷漠，就是那样一种诊断的态度。你要知道，我们在这样一个地方工作，实习医生在第一年就要面对最棘手、最难以治疗的病人，并被要求对他们进行治疗。将最棘手的病人安排给刚刚入门的实习医生,这种做法是一个不幸的错误,而这在大部分培训项目中却是司空见惯的。

朱瑟琳: 而你最为看重的是跟病人建立互动性的情感关系。

亚　隆: 我阅读伟大的小说并从中学习,又在无意识中对之有所借鉴。那时,我妻子正在攻读比较文学博士学位,她的研究重点是加缪(Camus)和卡夫卡(Kafka)。我非常仔细地阅读了他们的著作,我认为,他们的思想对精神病学是颇有教益的。然而,这二者之间却存在如此之大的鸿沟。我的许多同学和督导师对他们的作品并不了解,约翰·怀特霍恩压根儿就不知道卡夫卡是什么人。我送给他一本卡夫卡的书,他读了,但说看不懂。我意识到,我从文学中借鉴了某些东西,虽然我不能清楚地描述它们到底是什么,但我能够用某种比精神动力学更伟大的智慧去帮助病人。

在我做驻院实习医师期间,我如饥似渴地阅读这个专业领域的书籍。我读了弗洛伊德和沙利文的所有论著,我非常喜欢卡伦·霍妮(Karren

第1章
缘　起

Horney），她的思想清晰而明快，艾立克·弗洛姆（Erich Fromm）也是这样，还有奥托·兰克（Otto Rank）。他们将古老世界的智慧融入自己的观点之中，但他们不是还原论者。

朱瑟琳： 这把我带到一个我一直很感兴趣的问题上来，多年来，我为大量的治疗师提供督导和训练，他们中有许多人进入治疗工作时带着这样一种想法：只要他们有人情味，让自己跟病人建立人性化的关系，就会产生治疗效果。但情况并非这样。当然你也知道这一点，我确信你有过同样的经历，督导过这样的人，他们对你说，我只要在治疗中表现出人的温情就可以了。

对我来说，这一点似乎很难表达清楚。你的敏感能力从一开始，又经过了这些年的发展，从根本上说是一种人本主义的立场，你鄙视任何与本能还原主义、漠然、武断倾向相关的东西。但是，你生命里还有另外一种东西，它不是那种简单的"友善待人"式的人本主义。当你谈到智慧之类的东西时，我认为你离那种东西更接近。我不敢确定你会用什么词语来表述它，因为它来自于你的内部，但在你的思想中确实存在某种东西，这种东西跟诸如罗杰斯人本主义又是不同的。

亚　　隆：我从伟大的思想家那里获取启示。例如，如果一个病人谈到厌恶自己，我会和他谈论卡夫卡的小说《变形记》。这就是我用的典型方法——我想向病人传递的是，伟大的思想家也曾面对过同样的问题。我一直大量阅读柏拉图和伊壁鸠鲁的著作，并且发现，我不断把他们的许多思想用于我的面谈治疗之中。对于大多数人来说，当他们意识到伟大思想家们也曾苦苦思考这样一些没有答案的问题，这本身就颇具激励作用。

朱瑟琳：在他们看来似乎并不重要的问题实际上是伟大的哲学议题。

亚　　隆：的确如此。阅读伊壁鸠鲁的书对我大有裨益，他的有关消除死亡恐惧的观点让人茅塞顿开，在这一点上，古往今来，没有人比他有更好的理解。所以，当我为患有死亡恐惧的病人提供医治时，我会引用

第1章
缘　起

他的著作。

朱瑟琳： 在做精神科驻院实习医生时期，你开始研修哲学，你是通过伯特兰·罗素进入到哲学领域中来的吗？

亚　隆： 是的，但那时我已开始阅读其他哲学家的著作，当然是跟存在主义心理学方法更为相关的哲学家，特别是加缪和萨特，还有卡夫卡、司汤达以及最重要的一位：陀思妥耶夫斯基。这些人都是伟大的心理学家。

我认为，心理学的历史可以追溯到两千年以前，而认为心理学产生于19世纪的观念，真可谓其谬大矣。

进入斯坦福大学时，我继续接受专业教育，并旁听了许多哲学课，包括海德格尔（这门课我重听了几次）和现象学产生背景，还有尼采、克尔凯郭尔、萨特、柏拉图和亚里士多德。我在哲学上是一位好学不辍的学生。

我有一个很好的朋友名叫答各芬·弗勒斯代尔

（Dagfin Follesdal），他是挪威哲学家，我在斯坦福大学读书时，听他讲授胡塞尔和海德格尔的课。后来，我们在斯坦福大学联合讲授一门课程，试图在这门课程里把哲学和精神病学结合起来。

在我职业生涯的最初几年，我忙于撰写团体治疗教材，但在我的团体治疗的思想的深处，却流淌着存在主义心理治疗的思想之泉，这些并行不悖的兴趣从一开始就存在，虽然它们在相当程度上不是彼此交汇的。

朱瑟琳：这样的哲学关注是否引发或影响了你对团体治疗的兴趣，对此你是怎样想的？

亚　隆：不是这样。我对团体治疗产生兴趣应归功于杰里·弗兰克（Jerry Frank），我在霍普金斯大学做驻院实习医生的第一年，观摩了他的治疗小组。在霍普金斯大学的各种治疗方法中，人际互动模式的方法是我最感兴趣的。

在这一点上，哈里·斯代克·沙利文的理念比一些传统精神分析思想更为恰当和重要，他的关于跟人

第1章
缘　起

建立联结、强调同侪关系的观念，对我来说非常有意义，它们是团体治疗的关键。在我整个的职业生涯中我一直带领治疗团体，在我看来，团体治疗在促进改变上是非常有力、有效的工具。

结束在霍普金斯的驻院实习后，我进入军队，在部队的主要工作是带领团体，由军官和军官的妻子们组成的团体。我每天带领住院病人团体，同时训练一个精神治疗驻院医师的体验小组。

朱瑟琳： 你采用的都是人际互动模式？

亚　隆： 是的，是按人际互动的原则去做。那时，我在带领团体时，遵循更多的也是人本主义观念，力图让自己成为一个参与团体的观察者。所以，在带领团队的过程中，我自己成了团体中的一员，并逐渐尝试做更多的自我表露。在这一点上，我跟杰里·弗兰克的方式（我曾跟他学习）有所偏离，杰里本人从来都不参与到团体中去。他在那里讲人们应该如何交流，并对交流中出现的问题和情况做出评判，他很少把关注放在自己身上，也不会向团体成员展露自己。

朱瑟琳：我想了解的正是关于您是如何成为一个治疗师或团体治疗师的成长过程。通常，一个初出茅庐的治疗师会依靠理论、概念、精辟用语或警句来指导自己的治疗，在团体治疗中尤其如此，他们这样做的一个原因，就是为了应付治疗过程中难以抗拒的复杂性。人们依靠知识概念是为了让自己心里踏实一点，从而驱除一种令人不安的不确定感。

所以，当我尝试去理解你是如何发展成为一个治疗师的时候，我发现，首先，在团体治疗领域，并没有多少可资借鉴的理论，因为那时候你也还没有写出自己的书来。其次，杰里并不在那里，他住在巴尔的摩，而你住在夏威夷。那时没有互联网、电子邮件和长途电话，所以你主要是靠你自己来做。你也没有一个治疗师可以跟您合作来带领团体治疗，我猜想，也没有任何人可以为团体治疗提供督导，因为团体治疗完全是一个新生事物。

亚　隆：是的，所有这些都没有。我完全是在摸着石头过河，这让我感到焦虑，如坐针毡。

第1章
缘 起

朱瑟琳： 这正是我想了解的。在一个完全陌生的环境里，又没有一套相对熟练的方法，而你又抛掉了精神病医生用来保护自己免受焦虑的那套神奇术语，在这种情况下，你是怎样做到让自己投入于治疗工作中去的？问题还在于，你辅导的是军官和军官的家人们，他们不算是一个"精神病治疗"意义上的群体，而你得采用不同的方式把不同类型的人组成治疗团体，你对自己所做的这一切是怎样看的？

还有，你并不是因为难以融入那种场景而只是让自己表现得"具有人情味"，随和地说"嗨，我是欧文，让我们坐下来聊聊"，这不是你的方式。你这样做的时候，一定持有某种观点，某种思考方式。我知道这实在是一个难以回答的问题。

亚　隆： 我难以重现自己作为一个治疗师的成长过程，但首先我要重申的是：我让自己去面对大量的不确定因素，这对于验证我的操作方法是必要的。也许，一个人在多大程度上能够去尝试新方法取决于他在多大程度上能够承受住焦虑。我在相当程度上习惯于承受焦虑，因为我一生都是如此。我已经习以为常了。第一次带驻院实习医生团体也并不容易,我知道,在这个过程中,这些只比我年轻几岁的专业人士们在衡量我、评估我,但我强烈地感觉到,我有一些东西需要教给他们。在军队里工作,我也得到了几个优秀同事的支持。

我在檀香山也遇到几位精神病医生,我们成立了一个讨论小组,每周或每两周在其中一个成员家里聚会,我们相互报告自己的案例,这对我非常有益。在这里,我还发明了一种精神病医生的扑克游戏。

在军队服役结束之后,亚隆在斯坦福大学获得一个教职,这在一定程度上得力于他以前的老师约翰·怀特霍恩为他写的一封热情洋溢的推荐信。在这封信里,怀特霍恩极有先见之明地预测,亚隆将会"成为美国精神病学领域的一位领袖人物"。亚隆的整个职业生涯都是在斯坦福大学度过的,直到1994年退休。

亚　隆:退役之后来到斯坦福大学的最初几年里,我在团体治疗的技巧和知识上有了一个大的飞跃。我从国家训练实验室(NLT)、全套训练小组(T group),

第1章
缘　起

以及此后的会心小组运动（encounter movement）这些团体活动中学到了许多有关团体治疗的东西。

我以成员身份参与了在箭头湖的国家训练实验室。那里有很多短期项目（研讨班和讲座），但"T"小组是最主要的活动。（"T"表示"训练"，指人际互动关系的训练）。我参加的小组是由一位极有敏悟的心理治疗学家带领的，她的名字叫多萝西·西米诺·加伍德（Dorothy Semenow Garwood），后来成为我长期的朋友。多萝西天资聪颖，她在进入心理学领域之前，获得过加州理工学院化学博士学位，这是加州理工学院首次将化学领域的博士学位授予一位女性。

团体治疗一开始，她说了这样一句话："我要大家完全专注于当下的体验。"这话让我惊呆了，这种做法可是我前所未闻的。我曾经在自己的团体治疗中这样暗示过，但在这里，她在小组治疗中毫不迟疑、开门见山地说出来，而且她表达得如此清晰、明确。我当时想，"你疯了吗？我们对彼此还一无所知呢，怎么可能做到专注于当下体验？我们彼此完全不了解，不过是从零开始，我们没有任何历史。"[1]

接着有些团体成员（这个团体大约有12个成员）开始说话，表示在沉默的时候，他们感到多么不自在；另一些成员则说，"我没有感到不自在"，又有人说，他们对她（领导者）对他们施加限制很生气。很快，我们开始探讨起来，为什么有人生气，有人却不生气，为什么有的人平静，有的人感到不安，有的人感到害羞。不到20分钟，这个团体创建了一个"当下体验"的历史，活动进行得如火如荼。

这是一个极其重要的体验，回想起来，我一回到斯坦福大学，就立即开始在我的治疗团体中更加明确地提出"关注当下体验"。我发现，用来进行"关注当下体验"的时间在团体治疗中成了最为宝贵的时间。还有一些重要的事情也在箭头湖发生了。在一个有100人参加的体验团体里，我是其中唯一的（除领导者之外）精神科医师，我得照顾其中一个小组里一位精神病发作的成员，我要带他到重症监护室，最终让他平静下来，并安排他的家人带他回家。这使我对团体力量有了更多的认识，我意识

第1章
缘　起

到，对参加人员进行筛选是十分重要的，领导不力的团体是危险的。

后来我作为团体领导者成员参与国家训练实验室的训练项目，并带领该项目的团体治疗。我也为另一个机构主持了为期一周的总经理团体训练。我从国家训练实验室项目中学到了很多东西，并把它们运用于团体治疗。

朱瑟琳：您是从什么时候开始写作《团体治疗》那本书的？

亚　隆：那个时候，这本书已经开始在我的头脑里酝酿了，但我真正开始投入写作是在1967~1968年，当时我在伦敦塔卫斯托克诊所做了为期一年的国家精神健康机构（NIMH）研究员。

在斯坦福大学，我做过心理门诊的副主任，主持一个大型的团体治疗项目，这是我的主要职责。

我们有24个驻院医师，每个人都要带领一个治疗团体。所以我们的诊所里有很多治疗小组，一般会有50~60个病人等待进入治疗团体。我有大量的机会着手进行临床研究。我还在为期一年的体验团体中带领其中的驻院医师班。

朱瑟琳：你为所有这些团体提供督导吗？

亚　　隆：我在临床医生成员中组织了一个督导团队，从团体中又挑选出大约10个具有团体治疗技能的优秀治疗师。那时，私人执业的治疗师较多做团队治疗，所以我组织了一批高品质的督导骨干。我也督导几个由驻院医师组成的小组。每个小组带领一次治疗团体，都会得到一个小时的督导。我还指导研讨班，在这个过程中，我开始整理我的思想，它们最后在我的书中呈现出来。

就像我曾经观摩杰里·弗兰克的团体治疗一样，所有驻院实习医师在第一年里，都要观摩我带领的团体治疗。每次团体治疗结束后我们会交谈一个小时，所以说，我用许多时间给他们提供指导。如今，精神病治疗的驻院医师在整个三年实习时间里所接受的心理治疗训练还不如那时候一年接受的多，而且，他们几乎没有受到任何团体治疗方面的训练。

第1章
缘　起

朱瑟琳：而且，你为你的实习学生提供文学的、以人为中心的、以人与人之间的关系为焦点的方法，再加上你对"当下体验"的新的理解。

亚　隆：嗯，是的。在那之后不久，我开始一个实验，就是让自己作为一个成员参与团体，并且更多表露自己。我沿此继续探索下去，决定把观察程序进一步结合到治疗团体中去，并在观察程序上做了更为激进的实验。例如，有那么几年，当每次团体会晤到了结束阶段，我要求团体成员和观察员交换位置，团体成员进入观察室，观看一个我们重新编制的活动——实习医生们跟我本人在那里谈论这个治疗团体。这可是一件让人意想不到的事。

朱瑟琳：这里，你所做的自我表露，是一种当下体验的自我表露？

亚　隆：是的，让团体成员听观察员和团体领导者谈论这个团体，这是前所未有的，这种做法把本来会让成员感到烦扰的观察程序变成了对他们有价值的活动。他们期待去观察那些观察员，而他们对观察员的回应自然就成了下一次团体会晤过程中的一项内容。

也是在早期，我开始对每次团体会晤写总结，描述我对自己所作所为的感想，团体成员在哪些方面对我感到满意，为什么我在团体中为自己所说的话感到遗憾，等等。每周我把这些总结发给学员。当我撰写团体治疗的著作时，我已经积累了上千份团体治疗的总结材料，书中那些反映临床经验的片断皆是由此而来。

朱瑟琳：那么，你的第一个主要的写作计划就是这本团体治疗的教材？

亚　隆：是的。直到那时，我只在专业刊物上发表过与团体治疗相关的研究项目的论文。例如，有一个项目是，我们对一年内从诊所举办的治疗团体中退出的30个成员进行访谈，了解他们退出的原因。我开始研究团体会晤的持续时间，比如我们设置一个12小时的团体会晤，或者安排出去度周末的团体活动。这便是我所做的研究项目。我还做过这样一个项目：是否可以举办一个马拉松团体或一个全周末团

第1章
缘 起

体,来促成在个体治疗中陷入僵局的人做出改变?

过了一阵子,我逐渐对实证心理治疗研究大失所望。让我给你讲一个使我不再对效果研究感兴趣的体验。就像在这个领域的每个研究者一样,我很自然地对心理治疗的效果以及测量效果的各种方法非常感兴趣。于是我想通过这种方法来真正解决这个问题:我征得大量病人的同意,在他们开始接受治疗之前,先由一个经验丰富的治疗师对他们进行半结构化的调查访谈,然后,在他们接受治疗的3个月和6个月后,治疗师再次对他们分别进行调查访谈,我用录像机录下这3次调查访谈的全部内容。

跟病人做访谈的人(即绥德·布洛克,Sid Bloch,他后来在澳大利亚继续发展其卓越的学术生涯)技术十分娴熟,3次访谈皆集中在了解病人对自己生活中存在的主要问题的看法,以及由每个相关问题所引发的情绪困扰或功能障碍的程度。

我召集这个领域的治疗师,其中每个人都有15~20年的治疗经验,是整个斯坦福大学最优秀的精神病治疗学家和心理治疗学家。他们自愿参与这项研究，花了至少半天时间来观看3个阶段的录像（即开始接受治疗时的访谈，以及治疗持续3个月后和6个月后的访谈），然后用各种严格的评分标准对每个主要问题进行评估。我想，这样一来一定会得出一个可靠的评定结果。因为，我们没有使用简单化的纸笔测试形式的自我评定，评估的执行者不是没有经验的研究助手，而是顶尖的临床专家，是精英中的精英。

但结果出乎预料，它们之间的关联度为零，在病人是否得到改善，主要问题是什么等问题上存在巨大的差异。这样的结果令人难以置信。当然，这项研究从未发表。在那个时候，没有杂志会发表这种完全是负面结论的研究。那不仅是我最后一次从事此类研究，而且自此我也不再相信效果研究。大约就在那时，我开始计划写作《存在主义心理治疗》。

如前面所说的，我是在伦敦做安息年假的研究员期间撰写《团体治疗》这本书的。最初，我写了两章，它们是该书的中间章节，是以研究数据为依据

第1章
缘　起

的，其中包括大量广泛涉及团体治疗的文献资料，内容非常详尽。由此可见，我算得上是一个一丝不苟的学者。

我就这样写了这两章，一章是探讨团体治疗如何选择病人，另一章是探讨如何组织形成团体。因为当时的情况不同寻常，我手里总会有50个等待加入团体的名单，我可以根据一些预先确定的甄别特征，把这些人安排到不同的团体中去。我把10个具有某类特征的人安排进一个团体，把10个具有另一种特征的人安排进另一个团体，然后根据退出人数和凝聚力等因素来观察这些团体。在最初的几年里，我对选择病人和组合团体有了很多的了解。

这两章非常讲求学术性，精确而详尽，但读来却十分乏味。此后，斯坦福大学系主任大卫·汉堡（Dave Hamburg）到伦敦来看我，告诉我说斯坦福大学已授予我终身教职。

从那一刻开始，我决定用一种不同的方式写作，一种可以与读者亲切交流的写作方式。直到现在，这本书（即《团体心理治疗：理论与实践》）已经5次再版，其中为教授评定委员会写的那两章与本书的整体风格格格不入，显得相当扎眼。

朱瑟琳： 这两章还在书中保留它们本来的样子吗？

亚　隆： 是呀，之所以保留它们本来的样子，是因为这个主题很重要。但它们读来枯燥而晦涩。虽然在以后连续4次再版中我都尽力修改它们，但总是无法使它们变得可爱、宜人一些。我用叙事的方式写做了这本书的其余部分，书中有很多的故事，一个接一个，每一小段都是一个故事。

朱瑟琳： 在这个领域的教科书中，这本书代表着一种全新的写作风格吧？

亚　隆： 对。我无法说出有多少次学生们对我说他们很喜欢这本书，因为它读起来像小说，或者他们愿意忍受其中某些枯燥的理论段落，因为他们知道某一个小故事正在下面一个角落里等着他们去读，或者诸如此类的话。

第1章
缘　起

朱瑟琳：你是自然而然地用这种方式写作？

亚　隆：当然。

朱瑟琳：你的写作并不是出于"我要标新立异"，而是，你对自己说"我只是在尝试与人交流"？

亚　隆：确实如此，我只是想与读者交流，因此，在写作上做到清晰和生动是最为重要的。我的写作有一个基本原则：永远不要写一句自己都不懂的话。

的确，亚隆是在与人交流，他的对象是全世界无数的心理治疗师和学习心理治疗的人。所有这些人从亚隆的故事体表述模式里，从他那融汇了源于哲学和伟大文学的智慧的故事里，学到了学术的或教科书式的表述方式所不能传授给他们的东西——怎样与病人"相处"。

我们看到他写的第一本书——《团体心理治疗：理论与实践》，这本书迄今已经是第5次再版，被认为是心理卫生文献中的圣经，已被翻译成17种文字。38年过去了，书中的思想依然经得起时间的考验。正如我前面所说的，从我第一次遭遇欧文·亚隆著作的那一刻起，我找到了我的榜样，决意要成为一位像他那样的治疗师——全身心的陪伴病人，坦诚，充满温情。像我一样，其他无数的治疗学家也受到过这样的感染。

在下面的4章里，我将追寻亚隆世界观中最为重要的观念，以及伴随他职业发展的思想演变轨迹。

第 2 章
存在与超越的困境

IRVIN D. YALOM
On Psychotherapy and the Human Condition

> 我们孤单地进入这个世界,又孤单地离开这个世界,而在我们活在这个世界上的日子里,总要设法处理这样一种存在的张力:一方面我们渴望跟他人建立关系,另一方面我们又认识到自己是孤单的。

亚隆在他的团体治疗教材（即《团体心理治疗：理论与实践》）里，试图详细描述团体治疗是如何产生医治效果的。鉴于治疗团体类别繁多，有没有一些共同因素在所有这些治疗中起作用呢？亚隆围绕一系列治疗因素来组织他的著作，其中，他用故事的方式对每一个因素加以说明。这些故事展示了治疗小组怎样（除了其他可能的治疗因素之外）向小组成员注入希望，提供表现利他主义的机会，即通过把有价值的东西施予他人而获得积极的改变。治疗团体也提供了一个平台，使成员之间可以彼此传达信息，学习与人沟通的新技巧。最重要的是，如果治疗团体带领得好，它能够为病人提供机会，让他们了解自己是如何与人相处的，他们自身对他人具有怎样的影响力，以及他们对别人有什么样的需求。

亚隆相信，病人之所以表现出症状来，是因为在生活中他们与他人的关系被扭曲了，以至于不能从别人那里得到他们需要的东西。要帮助他们处理这些困难，最好的方法是了解他们与人相处的方式，帮助他们在这些方面做出改变，使他们能建立起更为满意和更有意义的关系。例如，如果从人际关系的角度来理解，抑郁症反映的问题可以说是消极和孤立，或者缺乏向他人表达愤怒的能力，或者是

第2章
存在与超越的困境

存在难以抗拒的对被孤立的恐惧。

在团体治疗中,治疗者不一定真的去问病人他们在人际关系上有何困扰,随着团体治疗过程的展开,这都会显露出来。治疗师的一个中心任务,就是创造一个有凝聚力的团体,使成员们能够投身于团体活动。这样,团体就成为反映每个人社交世界的缩影,通过让成员把注意力集中于这一刻发生了什么,即专注于当下的体验,个人就可以获得领悟。要做好这一点,治疗师必须公开地讨论他们对病人的感受,并且能够敏锐地观察成员对他们的反应和成员之间的反应。这要求治疗师有大量的技巧、机智和同理⊖,而亚隆可以提供出自经验的许多实例,帮助治疗师发展这种能力。

这些年来,让其著作在多次再版的过程中保持与时俱进,对亚隆来说是一个挑战。他不仅持续阅读不断发展变化的团体治疗文献,还坚持在自己从事团体治疗的过程中做详细记录,从而不断对书中的材料进行更新。[2] 与此同时,亚隆还不断拓展他所带领的团体治疗类型,让自己能够在更大范围里举办团体治疗,从而继续了解其中的发展变化。

⊖ empathy,心理学专用术语,意为进入来访者内在的隐秘内心世界,体会其感受思想,以探索困扰其内心的问题。——译者注

他带领丧子父母团体、艾滋病患者团体、被判有罪的杀人犯团体、公司总经理团体、性变态团体以及癌症患者团体，他从这些团体治疗中学到的东西，拓展了他对人的境遇的普遍性的理解。

随着他第一部著作获得成功，以及他在大学得到有保障的教职，亚隆自此放心大胆地沿着他的兴趣去进行无尽的探求，在存在主义心理治疗领域进行创建，或至少对之做出进一步阐述。在哲学和文学领域进行了多年的阅读之后，亚隆承担起这样一项艰巨的任务：把哲学与文学的思想体系与心理治疗理论整合起来。在他花费十年时间写成的《存在主义心理治疗》一书中，他描述人怎样在对自身境遇的深层觉察中相遇。存在主义心理治疗不是一个像认知——行为或精神分析那样的"治疗学派"，它代表了一种有关人类经验的思考方式，这种思考方式可以（或许也应该）被整合到所有的疗法中去。在这本书中，虽然他的主要关注放在怎样让具有各种倾向的治疗师对生命的普遍性问题投入更多的关注，同时他也深思属于"终极关怀"（ultimate concerns）的那些永恒的、无法驾驭的主题：死亡、自由、孤独和意义。这本书既是治疗师的指南，也是一本存在主义治疗的书。任何阅读这本书的人都会在读完之后

第2章
存在与超越的困境

被深深感动,会变得更加睿智,就好像刚刚与某个人相谈良久,而这个人毫不畏缩地愿意跟他们共度生命中最深层、最痛苦的困境。

亚隆通过讲述一个故事,把存在主义心理治疗与古典治疗方法结合起来。在他的文集中,这是我最喜爱的故事之一,也是我已经重述了好多次的故事。亚隆讲述道,他去参加一个亚美尼亚烹饪培训班,开办这个培训班的老师英语并不好,主要依靠演示来教授烹饪。虽然亚隆非常努力,还是无法做出像那位烹饪老师一样可口的佳肴。他便更加仔细地观察这个老师的一举一动。在一次上课过程中他注意到,老师把准备工作做完之后,把这道菜递给她的助理,助理再把菜放到厨房的烤箱里。他观察到助理的一个举动,并为之大吃一惊,从而恍然大悟。他注意到,就在助理把菜放进烤箱之前,他在菜上面添加了一把用各样香料配成的调料,原来这才是这份厨艺的精髓。亚隆把这些"添加物"比喻为治疗师跟病人发生互动作用的能力,它们并不在治疗师的理论"秘方"中用概念的形式显现出来,却"润物细无声"地产生着影响。也许,这些不见诸于记录的附加物才是关键所在,它们可以用来说明有关人类存在的共同关心的问题。

在《存在主义心理治疗》这本书的前几页，亚隆问道：在精神病学的辞典里我们能找到诸如"选择""责任""死亡""生活目的"这样的术语吗？所有的治疗师都知道，这些恰恰是病人最为关心的问题。亚隆写作这本书的目的，就是要把关注重点从"症状"诊断转移到这些终极关怀上来，因为它们才是心理治疗应该关注的中心。

亚隆用诸如真诚（authenticity）和同情（compassion）这样的概念来确定存在主义治疗师的立场，但是，他的书中始终贯穿的一个中心喻词，便是"旅途伙伴"（fellow traveler）。我们每一个人，不管作为病人还是作为治疗师，或者只是作为一个人，都必须面对这样一些事实并与之达成和解：我们最终会死亡，我们在宇宙中感到孤独，我们在生活中寻找意义，觉察自由，为自己的生活承担责任。明智的治疗师知道，这些都是我们必须一起努力处理的问题。治疗师只在这一点上享有特权：他尽力让自己诚实地谈论这些问题所涉及的各个方面。根据亚隆的描绘，治疗师也是和大家一样的"普通人"（everyman）。

其实，这些基本的存在主义话题并非是前所未有的，亚隆指出，令人欣慰的是，有史以来，哲学家、神学家和诗人们从未停止过对这些问题的苦苦思考。亚隆的贡献在

第2章
存在与超越的困境

于,他将这些思想进行组织和综合,把它们变成一种可以在心理治疗面谈室里使用的语言,用一种坦率的方式表达出来。但它们并不是任何人都可以轻松谈论的问题,跟病人谈抑郁症的药物治疗比跟他谈寻找生命的意义要让人舒服得多。

对终极自由的觉察总会伴随着恐惧。在西方文化中,自由是一个受到珍视的价值,如果我们诚实地观察我们自由的程度,我们会发现其缺乏外部的结构。我们所栖身的宇宙并没有一套内在的机制以保障我们可以自由地创造自己的生活。既然我们的生活没有可以依凭的根基,我们就得对自己的选择负责。

的确,治疗可以被看作这样一项活动:来访者在其中主动提升自己的自由,从破坏性的习惯里解放自己,从自我束缚里解放自己,诸如此类。然而,亚隆使用"自由"这个术语,并不是指政治自由,也不是指一个人提升自己的心理觉察而给他的生活带来更多的可能性,他说的是一种伴随着巨大责任感的自由,一种深沉的、令人敬畏的自由,人们如此害怕这种自由以至于他们去归顺独裁者、大师和神,从而让自己解除这一重负。亚隆很喜欢并且常常引用艾立克·弗洛姆的一个词汇:"顺服渴望"(the lust for submission）。

最终，我们要对在这个世界的体验和对这个世界的体验"负责"。亚隆认为责任与自由是密切关联的，我们对自己生活中所创造的意义负责，对自己所有的行为负责，对自己想做而未能做到的事情负责。从这个意义上对责任的理解让人感到颇为不安。宇宙中的一切都是不可预测的，当我们意识到这一点，我们所有的一切，包括最珍视的理念、最高尚的真理、建立信念的基石都会遭受削弱。同样，我们还得承受这样一个重负：我们认识到自己必须负责，用萨特的话说就是，我们是自身一切经验的"无可争议的作者"。

我们的"意志"是对责任的补充。亚隆承认，这个概念在近年的社会科学中已经不再受重视，它被"动机"之类的术语所替代。但是，亚隆反对那个术语，因为它声称个人的行为是由某个动机引起，而这种解释等于否认了个人对自己的行为承担基本责任。"动机可能影响意志，但并不能取代意志，个体依然可以选择按某种方式去采取行动，也可以选择不按某种方式去采取行动。"[3]人们对自己的决定负有责任，如果取消这种责任，人就失掉了真诚，只能生活在萨特所说的"不信实"（bad faith）的状态里。

第2章
存在与超越的困境

出于对终极自由的恐惧，人们树立过度防御的墙，而有些防御导致了心理病态。对于心理治疗工作来说，在很大程度上，就是帮助一个人承担起他对自身经验的责任。在亚隆看来，治疗师的主要任务之一，就是帮助病人意识到，他们是怎样在用自己的决定和行动创造了一个环境，在其中他们发现了自己（这通常是反复发生的）。亚隆借用艾立克·弗洛姆的话来表达自己的看法：存在的自由是无法逃避的。

另一个终极关怀是存在的孤立感，即人在这个宇宙中感到孤单，虽然我们可以通过与他人建立关系来缓解这种孤独感，但它一直存在。我们孤单地进入这个世界，又孤单地离开这个世界，而在我们活在这个世界上的日子里，总要设法处理这样一种存在的张力：一方面我们渴望跟他人建立关联，另一方面我们又认识到自己是孤单的。

孤单感与孤独感是不同的，这也是心理治疗中一个普遍存在的问题。孤独感源自遭受亲密关系断裂的那些社会的、地理的、文化的因素，或者由于个体缺乏社交技巧，或者由于个体的个性风格不利于发展亲密关系。这些在团体治疗中得到充分说明。但是，存在的孤立感是更为深切的感受，它是一种更为基本的孤立感，它牢固地附着于存在，简直是自我和他人之间一个不可跨越的鸿沟。一个人总要独自死去，这是我们能够意识到的一种最常见的体验，也是诗人和作家的共同主题。但是，许多人是在这样一些情况下遭受存在孤立的恐惧，从而受到触动：也许是在某些时刻，他们意识到在这个世界上没有人会想起他们，这时他们感到恐惧；或者，当一个人独自走在异国他乡某个空寂无人的沙滩上，他可能被那种恐惧击中："就在此时此刻，没有人知道我在哪里。"如果一个人不被其他什么人想起，这个人是真实存在的吗？

在对那些丧偶的人进行治疗时，让亚隆感到深深震撼的不仅是他们的孤独感，还有与此相伴的一种绝望感，那是一种不被关注的生活（unobserved life），没有人知道他们什么时候回家，什么时候上床睡觉，什么时候醒来。很多人选择维持一种让他们极不满意的关系，只是因为他们渴望有这样一个人来见证他们的生活，可以帮助他们缓解一下那种存在的孤立感。

在医患关系这个问题上，专业文献中充满有关相遇（encounter）、真诚、恰如其分的同理、无条件的积极关注（unconditional regard）以及"我-你"（I-thou）关系的讨论。深度联结的感觉尽管不能"解决"存在的孤立感，却能为

第2章
存在与超越的困境

之提供慰藉。亚隆谈到,在他的癌症患者团体中有一个成员曾说:"我知道,我们是在黑暗中行驶的一艘艘航船,我们每一个人都是一艘孤独的船,但是,看到邻近的其他船只漂移闪烁的灯光,依然会感到一种巨大的宽慰。"虽然如此,我们终归是孤单的。这一点,治疗师也不能改变。亚隆解释道,在治疗中一个重要的里程碑,就是病人认识到"有那样一个临界点,超过了这个临界点,他们(治疗师)就再也无法提供什么。正如同在生活中的情形,治疗中存在着一个不可逃避的基质,就是孤独地工作和孤独地存在。"[4]

所有人都必须在生活中寻找意义,尽管没有一样意义是绝对的,也没有一样意义是白白赐予我们的。我们创造了自己的世界,我们必须自己去回答为什么我们活着和我们应该怎样活着。我们的一个主要生活任务,就是在生活中创造一个足够牢固的目的,用以支撑我们的生活。通常,我们随后会否认我们自己是这个目的的原作者,对我们来说,这个目的似乎是在"某一个地方"等着我们。我们不断追寻一种被赋予了基本目的的生活模式,这常常让我们陷入危机之中。治疗师往往意识不到,更多的个体寻求心理治疗是因为他们关心生活的目的,因此他们有各种不同形式的抱怨:"我对一切都没有热情。""我为什么要活着?生活一定存在某种更深层的意义。""我感到如此空虚,仅仅努力让自己出人头地其实没有任何意义,不过是徒劳无益。""虽然已经到了50岁,我还是不知道长大后要做什么。"

亚隆在美国精神疾病治疗协会所做的一次演讲中,引用了一个令人难忘的故事,这个故事来自艾伦·卫理斯(Allen Wheelis)[5],有关他与他的那只名叫蒙提的狗。故事是这样的:

> 如果我弯腰捡起一根小棍,它马上就跑到我前面。于是一件有重大意义的事情发生了:它有了一个使命……它从来不会对这个使命做出评估,它只是让自己投身于执行这个使命。不管我把棍子扔得有多远,它都会跑过去或游水过去,穿越任何障碍,去得到那根棍子。

> 得到棍子之后,它把棍子叼回来,因为它的使命不只是得到棍子,而是要把棍子带回来给我。当它在靠近我的时候,它会慢下来,以便把棍子交给我,就算是完成了任务。然而,它并不喜欢完成了使命后,让自己处于等待的状态。

第2章
存在与超越的困境

于我于它都是一样，我们都需要服务于某种高于自身的东西。在我准备好之前，它必须等待。它很幸运有我为它投掷那根棍子，而我正在等待上帝为我投掷棍子，我已经等了很久。那么谁又知道什么时候，上帝会再次会注意到我，如果他曾经这样注意过我，并且给我提供机会满足我完成使命的心情，就像我给蒙提提供的机会一样？

亚隆问道，在我们之中，有谁没有怀抱这种希望：要是有谁为我投掷我的那根棍子就好了。"要是知道某个地方真的存在着一个生活目的，而不只是感觉到有某种生活目的，那该让人感到多么的踏实啊。相比之下，宗教对有关意义的问题所提供的答案是多么安慰人心，然而，自然所传递的是更具理性却让人黯然神伤的信息。它让我们看到自己在宇宙中，在巨大的存在之链中所处的微不足道的地位。"[6]

对于亚隆来说，如果对人生目的的设计指向自身之外的某物或某人，如对事业的热爱，创造的过程，爱他人或爱某一神圣本体，它就会呈现出更深邃、更伟大的意义。但这不是可以直接求得的。亚隆宁愿相信，意义感产生于一个人投身于对生命拓展、生活充实、自我超越的追求。心理治疗师的工作是识别并帮助当事人移除投身于此种追求之路上的障碍。如果一个人真正沉浸在生活之河中，这个问题就会自行消散。

比所有这些终极关怀更重要的是死亡意识，即我们知道自己不可避免地会死去，这是最令人痛苦、最让人难以面对的。我们置身于存在孤独的处境，并在其中力图寻找意义，我们有选择的自由，并在自由里做出选择，且要对我们的选择负责，但终有一天，这一切都将终止。我们就是带着这种觉知活在死亡阴影的笼罩之中。不管我们想怎样否定死亡，它总是像我们野餐时在远处传来的隆隆雷声。在四个终极关怀之中，死亡是亚隆在《直视骄阳》（*Staring at the Sun*）（亚隆把这本书视为他的最后一本书）中再次讨论的主题。其中，亚隆借希腊哲学家之口给他的读者提供建议，以帮助他们战胜对死亡的恐惧。在这本书中，他直接对每一位读者说话，不再是通过心理治疗的专业途径来传递他的思想。

他写道："任何对死亡有完全觉察的时刻，都是生活中艰难的时刻。那情景就像试图盯着太阳看，你所能承受的是有限的。因为我们不能让生活完全被恐惧所冻结，就创

第2章
存在与超越的困境

造出各样的方法来缓解对死亡的恐惧。这些用来缓解死亡恐惧的途径如：把自己的生命寄托于子女得以延续下去，追逐金钱和名誉，发展出某种强迫行为，培养一种对终极拯救者的坚固信仰。"[7]我们对死亡的恐惧是一种对非存在的深切畏惧，这个非存在，用海德格尔的话来说，是"进一步可能性的不可能"。死亡恐惧也会改头换面地潜伏在许多症状之下。作为一个敢于正视自身必死命运的作者，亚隆在这本书中断言，直面死亡可以让我们过一种更完全、更充实、更富有同情心的生活。

万事万物都会凋亡，这是一个令人悲哀的存在真相。正如亚隆所表述的那样，生活是极其线性的和不可逆转的，正是这种认识引导我们去衡量自我，追问自己怎样去过一种尽可能充实的生活。亚隆特别借鉴海德格尔的思想，认为很重要的是要过觉察的、有目的的生活，在绝对自由和选择的语境中觉察个人的可能性和有限性。从这个角度来看，死亡丰富了我们的生活。

亚隆对托尔斯泰《伊凡·伊里奇之死》中的描述尤其着迷，他在《存在主义心理治疗》和《直视骄阳》这两本书中都对之加以引述：伊凡·伊里奇是一个只关注自己的、自满的、浮夸的官僚，在临死之前，他感到很痛苦，因为他意识到自己之所以会死得凄惨，是因为他活得很糟糕。他突然想到，"也许我本来不该那样生活的，但是，如果要把每件事情都做得恰如其分，那生活将会是怎样的呢？"[8] 在生命的最后时日里，伊凡·伊里奇意识到他生命的贫乏，这促使他更真实和更能体谅自己的家人，从而使他的生命最终得到了救赎。亚隆把这个故事视为我们所有人生活的一个寓言，让我们反省，我们是否在尽力过一种真实的、富于意义的生活呢？

20 世纪 70 年代，即亚隆写作《存在主义心理治疗》之前和其间，他选择带领晚期癌症患者和丧亲者组成的团体，让自己更加真切并近距离地感受存在主义的问题。他的病人一直都是他重要的老师，他们教他的东西证实了他从托尔斯泰和哲学家们那里学到的教诲。据说，罹患晚期疾病的人生活得更加热烈，更有激情，也更从容不迫。的确，因为意识到死亡临近，他们选择过一种更丰富、更真实的生活。他们描述这样的生活体验：他们变更生活价值的优先顺序；对生活中不重要的事说"不"；全身心地去关爱身边的人，关注地球的节律及其四季更替。由此，亚隆更深刻地理解了死亡之不可避免反而使人的生活变得更加有意义。他对人们（和治疗师）否认死亡的种种途径做出详细说

第2章
存在与超越的困境

明,是为了让人看到,直面死亡才是我们过充实生活的必由之路。在《直视骄阳》中,他把一些直面死亡的案例称为"省悟体验"。

人们很少向治疗师讲述自己对死亡的焦虑,情况往往是,死亡焦虑会以伪装的形式隐藏在复杂的防御后面,这些防御被亚隆敏锐地揭示出来。人们会将死亡恐惧掩藏在这样一个信念之下:个人的特异性将以某种方式凌驾于这种可怖的天命之上。亚隆又一次引用托尔斯泰对伊凡·伊里奇的描述:

> 他内心深处知道自己要死了,然而,他不但不习惯于接受这种想法,而且干脆对它就是不理解,也无法理解。
>
> 他从基泽韦捷尔的《逻辑学》那里学到的三段论告诉他,"盖尤斯是一个人,人总是要死的,所以盖尤斯也是要死的。"在他看来,这个推理放在盖尤斯身上一直都是正确的,便绝不能适用在他自己身上。盖尤斯,一个抽象的人,总是要死的,这句话完全正确,但他不是盖尤斯,不是一个抽象的人,而是一个活生生的人,一个与其他所有人都完

全不同的人。他曾经是小伊凡,有妈妈和爸爸……盖尤斯哪里知道小伊凡曾经如此喜爱过的带条纹的皮球是什么味道?盖尤斯曾那样吻过他妈妈的手吗?盖尤斯曾像他那样热恋过吗?盖尤斯能像他那样主持审讯吗?盖尤斯确实是终有一死的,他的死也是正常的,但我是小伊凡,是伊凡·伊里奇,我有我的思想感情,跟他截然不同。我不该死,要不那真是太可怕了。[9]

被精神病学家贴上简单标签的自恋或自我封赏(entitlement)的行为,在亚隆看来,实际上是这样一种信念的托词:特异性(specialness)是死亡的解药。同样,工作狂或过分专注于出人头地、未雨绸缪、积累物质财富、做得更大、做得更强、声名更显赫,等等,可能是一种无意识地追求不朽的强迫行为方式。许多宗教体系倡导的永生幻象便是用来抵御死亡恐惧的一种主要防御系统。

第二种否认系统是相信一个终极的拯救者,人们会把他们的拯救者想象为人或神,但他们信的其实是一个在这个冷冰冰的世界里看护着他们的人。亚隆公然声称他是一个非宗教的思想者。对于他来说,相信超自然力量是一种

第2章
存在与超越的困境

逃避，用来避免面对令人痛苦的存在事实。

2002年，美国精神疾病治疗协会心理学和宗教委员会授予亚隆费斯特奖（Pfister Prize）[10]，对此他感到非常吃惊。当他听到获奖消息之初，他想："宗教？我？肯定搞错了。"他写信给这个委员会："你们肯定没搞错吗？你们知道吗？我把自己看作一个执业的无神论者（practicing atheist）。"

亚隆早年的宗教经验来自他家庭的正统犹太教，其中隐匿着僵化的、顽固的权威主义，这让他感到非常厌恶。

后来他开始相信宗教的世界观和科学的世界观是不相调和的，叔本华对宗教的比喻让他产生了共鸣——宗教就像一只萤火虫，只有在无知的黑暗中才能为人所见。亚隆被无神论的存在主义所吸引，这类哲学家如尼采、萨特、海德格尔、叔本华以及前苏格拉底学派和斯多葛派。他在费斯特奖获奖演讲时说，"我很想拥有神圣的火花，渴望成为神圣的一部分，能够长生不死，重新聚合已经失去的，我非常希望拥有这些，但我知道，这些希望并不能改变或构成现实。"这些话在他的《存在主义心理治疗》中也被引用过，亚隆本人也是躬行己说。

亚隆认为，宗教信仰的普遍存在证实了存在主义焦虑的普遍存在。人们创造出各样的神来安慰自己，让自己免受终极关怀的痛苦。亚隆引用前苏格拉底时期的自由思想者色诺芬尼在2500年前所写的话,"如果狮子能够思考,它们的上帝将会有鬃毛和狮吼。"[11]亚隆相信,人创造上帝是为了缓解他们处于存在困境的焦虑,但他却对人们的宗教信仰需求表示尊重。治疗师的首要任务是永远关心他的病人,而这包括设身处地地理解当事人的个人信仰系统。

在《直视骄阳》中,亚隆讲述他和一个年轻的正统犹太教拉比相遇的故事。这位拉比想成为一个心理治疗师,他来找亚隆是因为他有一个难题需要全力去处理,即在他虔诚的宗教信仰和亚隆的著作之间存在矛盾。但他向亚隆提出挑战,对亚隆没有宗教信仰却能过有意义的生活表示怀疑。他们之间的谈话给亚隆提供了一个机会,使他可以清楚阐明没有超自然力量,他能够过一种道德的、有意义的生活。亚隆对这位拉比说:"……意义、智慧、道德、美好生活,这些并不取决于对上帝的信仰。我尽力帮助他人获得医治和成长,我过着合乎道德的生活,我对周围的一切怀有同情心,我与家人和朋友相亲相爱。我不需要宗教为我提供一个道德的指南。"[12]

如果治疗师跟病人的探讨进入到深层,有关存在和意义的根本问题就会浮现出来,但大多数治疗师会回避这个

第2章
存在与超越的困境

方面的讨论。亚隆以心理治疗面谈室为观察点,致力于探索存在主义的基本话题,这不可避免地将他的工作与神学家和宗教领袖所做的事情联系起来了。正像亚隆所做的那样,他们也需要具体表达或阐明一种世界观,从而使人面对死亡依然活出生活的意义和可能性。从过去的历史来看,精神病学并不愿意将意义和存在的议题纳入自身的体系,亚隆则为人们真正探讨神学家所称之为人类灵魂的东西提供了指导。

亚隆接受人生短暂这一事实,他的世界观不需要某种超然之物。如果一个人感到已经实现了自己的潜能,直到生命的最后一刻,他就不需要惧怕死亡。真正的生活,不管什么时候开始,都不会太晚。"我就在这里,活着,沐浴在纯粹存在的快乐之中,这是多么令人惊奇的幸运!"[13]亚隆这样写道,他把对自己的生活(以及他的死亡焦虑)的反思作为一个示范送给他的读者。

在《妈妈和生活的意义》(*Momma and the Meaning of Life*)一书中,亚隆用两个很具感染力的故事来展示一个极为痛苦的治疗之旅。治疗师尽力医治的一个处于绝症晚期的病人,另一个病人则陷入丧失丈夫的巨大悲痛中无法自拔。对于病人和治疗师来说,治疗过程中都充满了痛苦,因为双方都必须触及会让人难以忍受的"人必有一死"这一事实。解脱存在于双方进行充满张力的互动之中,其中,治疗师敢于在痛苦的核心与病人相遇,敢于与病人一起直视骄阳。

亚隆有一个中心前提:"直面死亡并不导致那种会剥夺所有生活目的的绝望,相反,它可能成为一个让人过更充实生活的省悟体验。尽管生命的肉体性质会摧毁我们,但死亡的观念却拯救我们。"[14]亚隆早年对丧亲病人所做的正式研究证明,在面对亲人死亡以及随之而来的重大伤痛之后,病人不仅能够恢复到原来的功能水平,而且可以比以前更好。这些也在亚隆的许多心理治疗故事中生动地体现出来。因为有了这种对死亡的意识,人们能够重新安排他们的生活,优先考虑重要的事,不受琐事的缠扰,生活得更为充实。

生活中的一切都是短暂的,死亡不可避免。在《直视骄阳》中,亚隆提出了"振纹"观念,以此作为一种方法,来应对这些不可改变的事实。"振纹是指我们每个人在无意间或不知不觉中创造出来的影响同心圆,它会对他人产生年复一年、代代相传的影响……我们有一个想法(尽管我们对这种想法没有觉察),就是以为能够留下自己的一些东

第2章
存在与超越的困境

西,可以给那些声称无意义必然产生于个人的有限性和人生无常的人提供一个颇具说服力的回答。"[15] 我们的个人身份,我们对自己是谁的感知,甚至他人借以了解我们的途径,最终都会消失。虽然如此,我们会留下可以传诸他人的某些东西,而这些东西会以某种我们无法想象或预测的方式继续传下去。就这样,振纹观念满足了,至少在一定程度上,那种把生命延续到未来的刻骨铭心的愿望。最终我们将不再被人记起,但是"我们每个人身上的某种东西会坚持不懈,即使它对我们来说是不能确知的和细微难察的"。

在写作了他那经典的、颇有影响的教材之后的25年,亚隆总结了存在主义治疗观。亚隆表示,心理痛苦"不仅来自我们的生物的、遗传的基质(心理药理学模式的观点),不仅来自我们与受到压抑的本能欲求的斗争(弗洛伊德的观点),不仅来自内化于我们的重要成人——他可能不关心他人、缺乏爱心、神经质(客体关系的观点),不仅来自思维形式上的失调(认知行为主义观点),不仅来自被遗忘的创伤记忆碎片,或当前生活中在职业和与重要他人的关系上的危机;而且还——而且还——来自我们跟存在的直接相遇。"[16]

《存在主义心理治疗》在涉及治疗方法时,并不建议将治疗局限于（甚至也不集中于）对这些终极关怀的讨论上。当然，警觉的治疗师不会对这些问题避而不谈，也不会在这些问题出现时改换话题。其实，亚隆的前提是，能够意识到这些存在的永恒主题将从根本上改变治疗师和病人之间的关系，使他们成为旅途伙伴。由此，如果从关系的自然性质来看，甚至是病人－治疗师、当事人－咨询师、受析者－分析师这类标签都变得不适当了。如果有那样的语汇的话，他会提倡使用一些术语去消除"他们"（困扰者）和"我们"（医治者）之间的区别。"我们分享同一种命运，没有任何一个治疗师，也没有任何一个人可以免于这种固有的存在悲剧。"

"有时候，我对人的境遇中根本的脆弱性感到深深的悲痛，这种脆弱导致我们的轻信和强烈的要去信仰什么的需求。有时候，我对未来充满忧虑，因为非理性的信仰对人类产生了威胁。会导致我们毁灭的不会是信仰的空缺，而是超自然的信仰。只要回顾过去的历史，我们便会发现坚定不移的信仰所导致的大规模毁灭行为。回来看当今世界，彼此冲突但互不相让的原教旨主义信仰体系之间的斗争正威胁着数以百万计的人类。我很喜欢尼采的一句格言：关键不在有信仰的勇气，而在有改变信仰的勇气。也有一些

第2章
存在与超越的困境

时候,当我想到有那样一些人让生命受役于强迫行为,进行漫无止境的冥想修习或对仪式有过度迷恋,对此我会感到悲痛(但无以对他人言说),他们由此丧失了人类自由、创造和成长的某个部分。

"在佛陀的四个崇高真理中,他教导说,人生是痛苦的,痛苦产生于欲望和依附,通过禅思的实践可以脱离对欲望的依附,从而消除痛苦。叔本华持有相似的观点:意志是无法满足的,一个冲动一旦得到满足,我们只会享受到片刻的满足,很快它就被厌倦所取代,直到另一个欲求占据我们的心。对我来说,这些观点是多余的悲观主义。我体会人类存在的痛苦,但从未体验过一种如此巨大以至让人牺牲生命的痛苦。我喜欢尼采的观点:欢庆生活,投身生活,'爱你的命运'(amor fati)。我对面对死亡的个体进行治疗的经验告诉我,死亡焦虑与每一个人'生活中未曾生活的部分'成正比例,那些感到自己活得丰富多彩、实现了自己的潜能和命运的人,面对死亡时较少感到恐惧。"[17]

第 3 章
旅途伙伴

在治疗中相遇的双方，总是存在着爱恋和自恋、理想化和轻蔑、无法实现的希望和深不可测的恐惧。非理性在两个人身上都存在。与此同时，亚隆也与那种令人惶惑的悖论斗争，即他的非理性需要和愿望同时也是一种动力，使它们之间的合作变得卓有成效。认识到这些情感，去审视它们，控制它们，而不是否认它们的存在，这样才能使治疗产生效果。并且，同样是出于全然的坦率，亚隆毫不犹豫地承认，心理治疗最令人痛苦的真理之一在于：治疗师对病人的重要性要远胜于病人对治疗师的重要性。基于这样一个无法改变的事实，一个治疗师如何去努力建立一种完全真诚的关系呢？病人只有一个治疗师，但治疗师却要面对许多病人。

真正直面生命的终极关怀问题，使我们认识到关联性在人类生活中是至关重要的。当亚隆成为一个成熟的治疗师后，他越来越意识到，在心理治疗中起决定作用的是治疗师和病人之间的关系。然而，仅仅注意到关系的品质对治疗起到促进改变的关键作用，这并不新鲜。许多治疗师也已认识到，正是关系在起着医治作用。几十年来，治疗师们已经在著述中论到同理、无条件积极关注或治疗联盟的重要性，但是他们用的是抽象的术语。亚隆却不甘停留于此，他进而详述一个治疗师在其治疗时段里实际上可以做什么。他想象有一个学生这样问他："如果我是一只落在你办公室墙上的苍蝇，在你做治疗的时段里，我会看到那里发生了些什么？"

为了回答这个想象中的迫切问题，亚隆转而使用故事，即利用自己在文学上的长期兴趣和效仿大作家的愿望来进行写作。他沿着这个方向进行的第一场努力是一个创造性的，而且完全是原创的冒险尝试——与他的一个病人合写一本有关治疗的书。1974年，一个名叫吉妮·艾尔金斯的人走进了他的办公室，她是一位富于创作才华的作家，却患上了写作障碍。因为病人无法承担治疗费用，亚隆决定在治疗上尝试一种不同寻常的实验。他建议吉妮为每次治疗写一篇随意的、无所保留的总结，以此代替她接受治疗的费用，而亚隆计划

第3章
旅途伙伴

做与此完全一样的事情。每周,他的秘书会把他们的总结打印出来,每过几个月,他们就互相阅读对方的总结笔记。

亚隆设计出这个计划,希望借此消除病人的写作障碍,鼓励她在治疗中更自在地表达自己,同时还能打破他自己的专业局限,释放出他自己的声音。这是一个在治疗师透明性上的实践,亚隆的意图是,他将通过这种无所保留的笔记,公开他在治疗时段里所体验的一切。

这些笔记经过编辑后,以《日渐接近:从不同角度讲述的故事》(*Everyday Gets a Little Closer: A Twice-Told Tale*)之名出版,书中的这些笔记对所有的治疗师都具有启发性的意义,而有关吉妮和亚隆在治疗过程中关系发展的故事也成了一个罗生门式的体验。尽管他们共同经历了每次治疗,他们的体验却迥然相异。首先,对每次治疗,他们各自珍视的部分是不一样的。他认为最为优雅和最显才华的解释,几乎没有引起她的注意,而她真正看重的,却是他很少留意的细微个人行为,如他对她的容貌表达的溢美之词,对她愤世嫉俗的话发出的暗自轻笑,在她做角色扮演时对她的取笑,以及教她如何做到放松。这本书可谓是后现代现实主义文学的一个习作。我们所理解的发生的事情只是现实的版本之一,而病人在互动中可能有完全不同的体验,对于那些对此无所觉察的治疗师来说，这真是一件令人遗憾的事。

此外，亚隆还在这本书中进行自我审查，表现出毫无遮饰的坦诚。他感到吉妮把他如此理想化，将他置于如此崇高的地位，以至于他们之间要进行真实的交流简直是不可能的。因此，他在笔记里有意去尽力显露他身上最具人性的感情和经验，包括他的挫折感、他的烦躁不安、他的失眠、他的虚荣心。他要弄明白，在治疗面谈中，他在为谁而那样表现自己？他发现他乐意让吉妮爱上他。他扪心自问，他是否在秘而不宣地用巧妙的表达在勾引她？他们之间正在发生一种高度升华的暧昧关系吗？他是不是有一种拯救幻想，想把她塑造成他心目中那个她的形象。这些都是带有危险性的问题，它们可能在夜深人静时折磨所有治疗师，但很少有治疗师们把这些表达出来，更不用说写出来让所有人去读到。在治疗中相遇的双方，总是存在着爱恋和自恋、理想化和轻蔑、无法实现的希望和深不可测的恐惧。非理性在两个人身上都存在。与此同时，亚隆也与那种令人惶惑的悖论斗争，即他的非理性需要和愿望同时也是一种动力，使它们之间的合作变得卓有成效。认识到这些情感，去审视它们，控制它们，而不是否认它们的存在，这样才能使治疗产生效果。并且，同样是出于全然的坦率，亚隆毫不犹豫地承认，心理治

第3章
旅途伙伴

疗最令人痛苦的真理之一在于：治疗师对病人的重要性要远胜于病人对治疗师的重要性。基于这样一个无法改变的事实，一个治疗师如何去努力建立一种完全真诚的关系呢？病人只有一个治疗师，但治疗师却要面对许多病人。

亚隆对心理治疗的本质已经有了深切的领悟，他后来所写的有关治疗技巧的著作不过是对这种领悟做出进一步的阐发。在《直视骄阳》一书中，他再度对此做出总结："我尽最大的努力去建立关系，为了达到这个目标，我决意以诚相待，不千篇一律或墨守成规，不掩饰自己，不炫示自己的文凭、专业学位和奖项，不让自己不懂装懂，不否认自己也会被存在的困境困扰，不拒绝回答问题，不躲在角色后面，最后，不隐藏自己的人性和脆弱。"[18]

在他们合作的最后阶段，吉妮的写作障碍冰释瓦解了，而其他的症状和困难也得到缓解，而亚隆也摆脱了他的专业藩篱，准备进入到一个新的领域去探险。他已经领悟到，心理治疗是一门超越科学原则和客观分析的"艺术"，因此，他着手去写作，揭示心理治疗中那种难以言传的奥秘：在丰富与深邃的治疗相遇（therapeutic encounter）过程中究竟在发生些什么。

为了做好这项工作，他开始以叙事的形式描述他和病人的经验，并将他对文学和哲学的兴趣与他的精神病学和医学的兴趣整合到这种叙事形式之中。他不仅用故事来说明治疗原理和理论原则，而且开始致力于以故事为中心，让实践性的理论从故事中浮现出来。他以加缪、萨特、乌纳模穆诺（Unamuno）、克尔恺戈尔、尼采、奥特加·加塞特（Ortega.Y.Gassett）、西蒙·波伏瓦这样的哲学家为典范，他们认定，他们想要描述的深刻经验太多是通过文学的途径得到了更好的表达，而不是通过正式的哲学文体。他还模仿出版于40多年前的查理·林德纳（Richard Lindner）的《50分钟为一小时》(*The Fifty-Minute Hour*) 一书中的经典心理治疗故事。

这些记述可以作为案例史或小说来阅读，它们详述了他本人与病人之间的互动。然而，不同于其他人所撰写的案例史，亚隆的故事并非讲述心理异常者的怪异行为，而是旅途伙伴。"旅途伙伴"成了亚隆著作中的中心主题，彼此相遇时的人性表现。亚隆写作不是为了记录他的成功或表明他是一个多么机智的治疗师，相反，他的意图是展示他作为治疗师与病人一路同行，即使有时他也会犯错误的经验，其中怎样实现了关联中的医治功效。

尽管他的本来意图是把《爱情刽子手》(*Love's Executioner*) 写成一个教学故事集，使之适用于心理治疗培训，这本书却

第3章
旅途伙伴

连续很多周登上畅销书名单,并被翻译成20多种语言(在许多国家,它也荣列到畅销书名单之中)。本书的精彩之处在于,其中的10个故事皆引人入胜,读者被带入到亚隆与他的每一个病人所创造的关系之中,并被那种人性化的方式和他们所探讨的人类所普遍关怀的问题所触动。出于保护病人的隐私和产生文学效果的考虑,这些故事的部分内容含有虚构的成分,它们提炼的是人们在生活中进行存在意义的挣扎的精华,被称为存在之痛,宿命之痛。就像亚隆在他的书中创造的人物一样,让我们痛苦的是,我们最深层的愿望永远也无法得到满足,这些愿望包括,我们希望自己不会变老或死亡,我们希望丧失的亲人能够重新回来相聚,我们希望得到永恒的爱、保护和意义。这本书面向广大读者,它深深改变了治疗师进行治疗的方式(也许也改变了病人向治疗师寻求帮助的方式)。对于更多的人来说,他们既不是治疗师,也不是病人,只是在应对普通的生活之苦的人,通过阅读这些故事,他们感到生命得到了充实,甚至获得了医治。

在读书的同名序言中,亚隆开门见山:"我不喜欢做爱情刽子手……"但他继续讲述他与病人的心魔作战的故事,他所说的心魔,是指病人陷入了一种着魔般的、不可能有任何回应的爱情。亚隆使尽浑身解数,试图用理性的辩论,从任何一个可能性的角度对之进行劝导,但他最终还是失败了。那种爱情的力量太强大了,而理性对它无能为力。但是,他还是出于真诚与爱跟那些被爱情所困的病人进行交流,这形成了本书的主题。他邀请他的读者作为停在墙上的苍蝇,参与到他与病人一起解开人类精神痛苦之谜的过程中来。

从事精神疾病治疗伊始,亚隆坚持以日志形式记录治疗中具有启发性的案例,包括思想上灵光一现的时刻,以及对生命存在状态的本质有所把握的实例。以艾娃为例,这个年长的妇女因钱包被抢而遭受到精神挫伤,亚隆洞察到她在内心里深信自己的特异感(specialness),以及对过世的丈夫无法释怀,在其深层意识中,她相信丈夫仍然在保护着她。在这个故事中,亚隆向我们表明,对一个终极拯救者的需要在怎样以伪装的形式表现在我们的日常生活之中。

卡洛斯是本书最具感染力的一章中的中心人物,他身患癌症,处于死亡威胁之下,却越来越执着于跟尽可能多的女性发生性关系的想法之中。在一次几乎类似于博弈的富于成效的交流中,亚隆冒着残忍对待病人的风险,逐渐瓦解了卡洛斯对即将到来的死亡的否定。亚隆坚持要求卡洛斯对他的生活方式做出反思,结果是,卡洛斯在生命的最后几个月里

第3章
旅途伙伴

发生了惊人的改变,并在其弥留之际,感谢治疗师使他获得新生。

作为一个治疗师,亚隆指导他的病人对他们不可逃避的选择自由有所觉察;作为一个讲故事的人,亚隆向所有的人表明,他们在怎样参加建造牢狱,并最终囚禁了他们自己。如果一个人忠实于自己的意愿,能够做出决定,对自己的选择承担责任,他就会经历改变。

当然,《爱情刽子手》并没有为这些难以处理的困境提供简易的解决方法。亚隆充分意识到,不管两个人的生命相遇是多么深入和多么有意义,一方对另一方的了解依然是十分有限的。我们必须学会在不确定中与他人保持联结。亚隆向我们展示,治疗师如何运用即时的灵感和直觉去了解他的病人。"心理治疗的核心是关怀,是两个人之间深度的人性交流,其中一个(通常是病人,但并不总是病人)比另一个有更多的困扰。"[19] 他们会面临同样的存在问题,如意义、隔离、自由和死亡。亚隆的假设是,了解人类境况比对之无所了解要好,即使这意味着一个人得放弃会给他带来安慰的幻想。而这种幻想,在亚隆看来,最终会削弱人的心灵。作为一个旅途伙伴,亚隆跟他的病人(以及他的读者们)在一起经历艰难而痛苦的旅程。

第4章 心理治疗与哲学之间的对话

IRVIN D. YALOM
On Psychotherapy and the Human Condition

> 我们应该怎样生活？如何面对我们终有一死这一事实？在意识到我们不过是一种生命的形态，被抛入一个冷漠的宇宙之中，并没有任何预定的目的之类的事实的时候，我们该如何活下去？知道吗，当我最初收到诊断书、陷入恐慌的时候，我打开《查拉图斯特拉如是说》来读，特别从这些方面获得了心灵的平静并且深受鼓舞——他那欢庆生命的谈论，告诉我们应该以这样一种态度来生活：如果我们有机会以完全同样的方式不断重复我们生命的历程，我们会说'我愿意'。"
>
> ——朱利斯（《叔本华的治疗》）

随着亚隆对哲学更加深入的阅读，他对哲学思考和心理治疗功效之间的关联更加感兴趣了，也许哲学家就是"地下治疗师"（covert therapists），也许明智的治疗师能够给辛劳的哲学家带来某种抚慰，那通向存在意义的知识与智慧的旅程到底是怎样的呢？

赫尔曼·黑塞（Herman Hesse）讲述的一个故事给亚隆留下了深刻的印象，故事是这样的：

> 约瑟夫和迪昂是两个著名的医治者，他们生活在圣经时代。尽管他们的治疗都十分有效，但他们却是以不同的方式实施医治。年轻的医治者叫约瑟夫，他通过安静的、给人带来启迪的倾听来治愈病人。朝圣者们都信任约瑟夫。他们的痛苦和焦虑经由他的倾听，就像流入荒漠的水一样消失得无影无踪。忏悔的人离开的时候，内心变得舒畅而安详。而年长的医治者叫迪昂，他积极面对前来向他求助的人，他洞察他们未经坦白的罪，他是一个伟大的审判者、惩戒者、训斥者、矫正者，他通过积极的干预进行医治。他像对待儿童那样对待忏悔者，给他们提供忠告，给他们指定补赎作为惩罚，为他们

第4章
心理治疗与哲学之间的对话

安排朝圣和婚礼,迫使仇敌们相互和解。

这两位医治者未曾谋面,多年来他们作为竞争对手各行其道,直到年轻的医治者约瑟夫遭遇心灵的疾苦,陷入彻底的绝望之中,被自我毁灭的念头所缠绕。由于不能用他自己的方法治愈自己,于是启程去寻找迪昂的援助。

在漫漫旅途中,一天晚上,约瑟夫来到一个绿洲休息,在那里他与一个年长的旅行者交谈,他向这位年长的旅行者描述了自己旅行的意图和目标。那位年长者回答道,"噢,这真是太奇妙了,我就是你要找的那个人。"迪昂毫不犹豫地邀请这个年轻的、处于绝望中的竞争对手来到他家,在那里他们一起生活和工作了很多年。最开始约瑟夫作为迪昂的学生,后来成为迪昂真正的同事。一些年后,年长的迪昂生病了,在临死前他把约瑟夫叫到床前:"我要告诉你一个很大的秘密,"他说,"这是我保守了很长时间的秘密。你还记得那个晚上,我们在绿洲相遇,你告诉我说你是前来找我的吗?"

约瑟夫回答说,"我当然记得。我怎么可能忘记那个夜晚呢?那是我整个生活的转折点。"

> 弥留之际的迪昂抓住约瑟夫的手,说:"我的秘密是,我当时也正处于绝望之中,在我们相遇的那个晚上,也是我在前去寻求你帮助的路上。"[20]

亚隆感到这个故事很有魅力,它描述的是关于帮助他人和接受帮助,诚实和隐瞒,医治者和求助者之间的关系。在这里,年轻的医治者得到了培育和指导,而年长的医治者收到一个弟子,并从他身上获得了子女般的爱和尊敬,他的孤寂得到了抚慰。然而,亚隆想了解的是,真正的医治是不是发生在临终床前那一幕:当时,这两个人都承认自己不过是人,实实在在就是人。如果他们之间谈话是在开始而不是在结尾,那又会发生什么呢?如果一个大哲学家如尼采(他的著作激发了亚隆的对话热情)向与他同时代的一个伟大的治疗师如约瑟夫·布洛伊尔(就是在他的指导之下,弗洛伊德才走向精神分析之路)寻求咨询,那会是怎样的情形呢?他们能像黑塞故事中的智者一样相互治愈对方吗?尼采能从他的哲学观念里创导出心理疗法吗?亚隆采用安德烈·纪德的小说是可能曾经发生的历史这一观念,认为如果历史稍有不同,尼采可能会真的遇到布洛伊尔。

在所有激发他迫切的阅读热情的哲学家中,亚隆可能

第4章
心理治疗与哲学之间的对话

更倾心于尼采,因为他在尼采的思想中发现了心理治疗的基本要素。通过阅读尼采的著作,亚隆这样理解,尼采本来是想成为一个医治者。在他看来,尼采有关上帝之死的思想提供了一个创造新型价值系统的机会,这套价值不是建立在超自然幻象的基础上,而是建立在人类经验的基础上。就像理想的治疗师一样,尼采的"超人"(übermensch)充溢着力量和智慧,并且把它们慷慨地施予他人。他能够确认生活,热爱自己的命运,并对生活做出"肯定的回答"。尼采的超人是这样一种人——如果给他机会让他用完全相同的方式去生活,一而再,再而三,直到永远,他能够这样说:"是的,是的,给我这个机会吧,我将那样生活,再一次用完全相同的方式去生活。"亚隆在尼采的哲学中看到了一种趋向,它沿着内在心灵、自我实现的过程向前迈进,朝着实现个人潜能的可能性向前迈进。尼采对必要的心灵工作(inner work)的教导是:"成为你自己。"有什么话比这更简明扼要地概述了存在主义心理治疗的目标呢?

亚隆发现,尼采具有非凡的能力,这表现在他毫不退缩地直面真相,打破幻象。他的一个重要教谕是:"那些不能摧毁我的东西只会使我变得更加坚强。"一个人要获得生命的觉知,就必须面对死亡的恐惧,一次次向死而生,亚隆早期著作的结论大多如此。可以确定地说，尼采本来可以创导出心理疗法。

亚隆相信，弗洛伊德受到尼采著作的影响。当年盖世太保强迫弗洛伊德离开维也纳且不准他带走大量的图书，他便把一套尼采全集随身带到伦敦，这套书是奥托·兰克送给他的礼物。维也纳精神分析学会的会议记录显示，1908年的两个会议完全是为了纪念尼采而召开的。在这些会议记录中，弗洛伊德承认，尼采的直觉方法所达成的洞见与精神分析通过艰苦而系统的努力所获得的洞察具有惊人的相似，包括精神疏泄和压抑的重要意义，以及将（心理）疾病视为对人世沧桑的过度敏感的病理观。然而，当时正在崭露头角的精神分析领域只顾追随弗洛伊德的引导，却忽视了尼采的贡献。因而，亚隆对尼采的兴趣，部分是出于要恢复尼采在心理治疗史上理应享有的地位（依亚隆之见），而他致力于此，不是通过学术辩论，而是通过小说。

所以说，在亚隆决定做出投身小说创作的这个大的跨越背后，其实有很多的原因。他依然认为自己是心理治疗领域的老师，只不过他是通过小说这一手段在进行这项工作。立足于他对心理治疗的全面了解，亚隆将尼采、布洛伊尔，甚至弗洛伊德，都写进了小说，把他们置于一种彼

第4章
心理治疗与哲学之间的对话

此相连的关系之中。然后,就像所有优秀小说家一样,他让戏剧情节在他们之间展开。为了设置小说背景,亚隆回到自己在《爱情刽子手》中曾经探索的问题——对爱情的过度痴迷问题。

在《当尼采哭泣》(*When Nietzsche Wept*)中,亚隆设计了一个预述条件:一个尼采的爱慕者和朋友前来向布洛伊尔寻求咨询,她这是替朋友(即尼采)而来,要求布洛伊尔暗中提供一个方法来治疗尼采的忧郁症与自杀意念,以及让他饱受折磨的头痛。读者得到一个途径进入到这两个人都小心保守的秘密之中——他们共有一个相似的秘密:各自都在无望地、痛苦地、无法摆脱地爱着一个女子,而这女子又是他们无法得到的。因为找不到其他途径去跟尼采建立关系,从而有机会治疗他,布洛伊尔便转而向尼采袒露自己的秘密,向尼采寻求帮助。布洛伊尔向尼采提议说,作为一个医生,我将治疗你身体的病痛,以换取你帮助我解脱那令人痛苦的绝望。"治疗"关系就此展开。小说的焦点是,这两个男人之间逐渐创造出一种真诚的关系,而这对他们双方最终起到了救赎性的效果。

"我不知道为什么活着,我不知道怎样活着,"布洛伊尔对尼采说,"救救我吧,用谈话来医治我吧,我相信谈话是有治疗作用的,用你那博闻多识的头脑对我的生活做一个评价吧,那正是我所需要的,你那样做肯定帮得了我。"尽管这种关系在开始的时候带着一些隐瞒性质,但布洛伊尔被治疗过程中的力量所吸引,情不自禁地变成了一个坦诚的病人。

尼采是一个什么样的治疗师呢?在亚隆的描绘里,尼采是一个坚定的、毫不妥协的治疗师,他期待他的病人面对真实的自己和他们的存在"境遇"。在小说中,尼采作为治疗师,他对病人所做的回答皆取自他的著作。尼采发明了许多方法来揭示布洛伊尔感到绝望的存在主义根源。当他们一起去布洛伊尔父母的墓前祭奠时,关键时刻到来了,尼采告诉布洛伊尔,他对爱情的狂热迷恋是一种逃避方式,借此回避他对自己会被遗忘和死亡的恐惧。是你选择了自己的生活吗?是你在力图使自己的生活臻于完美吗?尼采向布洛伊尔发问。布洛伊尔回答说没有,他只是没有办法,因为他无力改变他必须承担的责任。随后,尼采提出他的中心思想实验。在这里,亚隆让尼采说出了后来形成了《查拉图斯特拉如是说》的核心观念,即永恒轮回的观念:你能生活在每时每刻以致愿意永远不断重复每一刻的生活吗?

第4章
心理治疗与哲学之间的对话

如果某一天或某个夜晚,魔鬼悄悄跟着你进入到你最为孤独的孤独之中,对你说:"你现在过的以及你曾经过的这些生活,你将不得不再过一次,且会无数次重复过这样的生活,这种生活不会有任何新鲜之处,但这生活中的每一个痛苦,每一个欢乐,每一个想法与叹息,每个小到微不足道或大得无以名状的事,都会重新回还往复,都以同样的连续性,按同样的顺序重复——甚至这蜘蛛和这林间的月光,甚至此时此刻以及跟你在一起的我,都这样重复。存在的永恒沙漏不断上下翻转,而你也只能与之相随。你这微尘一粒!"这时,你会跌坐在地上咬牙切齿地诅咒对你说这话的魔鬼吗?或者,你曾经体验过那一美妙的时刻,这样回答他说:"你是神,我从未听说过比这更神圣的话。"如果这种想法控制了你,它会完全改变你,或者完全摧毁你。[21]

这种让你永远重复过同样的生活的想法可能让人难以忍受,它是一种存在主义休克疗法,被用作一种促使思想清醒的实验,它会提升你对生活的觉察,让你意识到,此世的生活,也是你唯一的生活,应该过得美好和丰盛,尽可能不留下什么遗憾(许多年之后,在《叔本华的治疗》和《直视骄阳》中,亚隆描述了他在心理治疗实践中使用这种思想实验的情况)。在小说中,尼采告诫布洛伊尔,如果他抓住责任感（sense of duty）不放，并把它作为一个幕帐让自己躲于其后，他就永远不知道他的自由意味着什么。尼采教导说："*Amor fati*"（热爱你的命运），换句话说，创造你可以热爱的命运。在小说中，布洛伊尔做到了这一点。

尼采从这种治疗关系能够得到什么样的帮助呢？当然不是获得领悟或洞察。弗洛伊德说过，尼采对自己的洞察比古往今来任何人都更加深刻。但是，尼采却体验到自己处于极度的孤立之中，他需要的是一种治疗相遇、一种有意义的关系，而亚隆通过布洛伊尔满足了他的这种需求。通过他们的谈话，他们之间的关系变得更加开放，更有深度，尼采最终感受到了充满人性温情的触动。当他意识到他和布洛伊尔之间的友情，尼采哭了。

> 我们在世界上随处可能遭遇到一种对爱的确认，在这种爱的确认中，两个人之间彼此占有的渴求让位于一个新的渴望——一种共享的、更高的追求超越他们自身的理想的渴望。然而，谁又了解那种爱？谁曾体验过那种爱？它恰当的名字叫友谊。[22]

"一种共享的追求超越自身的理想的渴望……它恰当的名字叫友谊。"然而，在他的小说中，亚隆进而表达这样一

第4章
心理治疗与哲学之间的对话

种暗示，显示这种特殊形式的真诚关系的恰当名字可能是心理治疗。

《当尼采哭泣》确立了亚隆作为小说作家的稳固地位，评论者将他与弗洛伊德相提并论。这本书荣获许多奖项，并被翻译成24种语言，它出现在许多最佳畅销书名单上，销量超过200万本。亚隆这本书让遍及全世界的人们了解了尼采和心理治疗，并引导他们去思考自己怎样与命运相遇。

在对尼采哲学中的心理治疗根源做出描述之后，亚隆继续通过小说的方式探索心理治疗和哲学之间的对话。对于亚隆所采用的医治方法，作为悲观主义哲学家的叔本华会做何评价？在《叔本华的治疗》中，亚隆想象有一个当代哲学家（即叔本华的克隆人物）加入了他的一个治疗小组。这个名叫菲利普的病人是一个孤立者，他一度沉迷于毫无意义的性征服，如今他希望成为一个哲学意义上的咨询师，亦即一种存在主义倾向的治疗师，他运用叔本华的理念为人提供医治。在小说中，亚隆的化身则是一个叫朱利斯的治疗师，他劝菲利普加入他的治疗团体。在治疗团体中，朱利斯惊讶地发现，这个看上去拒人千里、冷漠无情的人在用他的（即叔本华的）哲学理念与其他团体成员互相切磋。很快，朱利斯和菲利普开始竞争，他们运用非常不同的治疗手段,去争取团体成员心灵上的共鸣和思想上的认同。

在小说中,朱利斯最近被确诊患上了晚期癌症,同样面临着自己的死亡:

> 朱利斯像其他任何人一样了解关于生和死的道理,他赞同斯多葛派的观点:"我们一出生便开始死亡";他也赞许伊壁鸠鲁的推论:"有我在时,死便不在;有死在时,我便不在。因此,为什么要害怕死呢?"作为一个医生和精神病学家,他曾经向临终者的耳中轻声诉说的正是这样的慰藉之语。[23]

然而,对于一个真正面临死亡的人来说,它意味着什么呢?朱利斯能够把每一天活得充实,活得富于意义吗?当然他能,那么他是如何做到这一点的呢?朱利斯发现,给他带来最大支持的一个方面,是他所从事的团体治疗,而菲利普成了或许是他的最后一个巨大的挑战。

就像叔本华一样,菲利普秉持一种弃欲哲学,这种思想告诫,依附性增强了生活不可逃避的痛苦,解救之策在于,一个人需要依靠自己和让自己摆脱"这种无止境的欲望循环"。在亚隆的笔下,菲利普向团体成员这样宣称道:

第4章
心理治疗与哲学之间的对话

> 个人的依恋越多,生活会变得越难以承受,一个人一旦脱离了这些依恋,他就会体验更多的痛苦。叔本华和佛教都坚持,个体必须从这些依恋中解脱出来……[24]

对此朱利斯回应道:

> 我则是从一个相反的角度来谈论这个话题。依恋,在大多数的情况下,是一个人过充实生活不可或缺的因素,如果因为预期的痛苦而避免依恋,的确算是一个药方,但是却不能使一个人活出存在意义上的完整性。[25]

在《叔本华的治疗》中,亚隆随处穿插一些叔本华的心理传记的材料,探寻他的悲观主义和厌世观的起源。叔本华过着一种与世隔绝的生活,在他最著名的警语中,他把人类描述成两个豪猪,为了免于冻僵而依偎在一起相互取暖,随而又被彼此身上的毛刺扎痛而各自分开。叔本华力图从自身内部产生温暖,既不给予别人,也不从别人那里获取温暖。叔本华将生命视为这样一种无止境的循环——提出要求,得到满足,又变得厌倦,继而再提出要求。欲望无止境地折磨着我们,但我们永远都无法满足。

在小说中,菲利普饱受强迫性的性欲求的折磨,他在生活方式上采用了叔本华的解决之道:

> 叔本华让我认识到,我们命中注定要永不停歇地随着意志之轮转动:我们渴求某物,我们获取它,我们只享受了片刻的满足,这种满足迅速消退于随之而来的厌倦之中,紧随这种厌倦而来的,必定是下一个'我要'。通过满足欲望是没有出路的,一个人必须完全跳出这个轮回。这正是叔本华曾经做的,也正是我所做到的。

完全跳出这个轮回是什么意思呢?另一个小组的一位成员这样问菲利普。

> 它意味着完全从意欲里解脱出来;它意味着必须完全接受我们最内在的本性里有一种无法满足的欲求,从一开始,这痛苦先天被设计到我们的生命之中,这种本性注定了我们的厄运;它意味着我们首先必须理解这个幻象世界在本质上是空的,然后开始寻找一条否定意欲的途径。就像所有的大师曾

第4章
心理治疗与哲学之间的对话

经做的那样,我们要追求的目标是生活在柏拉图理念构造起来的纯净世界之中。有些人通过艺术,有些人则是通过宗教禁欲主义实现这一目标。叔本华实现这个目标的方式是:避开充满欲望的世界,与历史上的伟大思想家交流,进行审美的沉思——他每天早晨都吹奏一两个小时的长笛;它意味着一个人必须同时成为表演者和观察者。一个人必须认识到存在于自然之中的那种生命力,这生命力通过每个人的独特存在彰显自己,最终,当作为物理实体的个体不复存在时,自然就会把这种生命力收回去。

我以他为典范,紧紧跟随,我的主要关系是通过每天的阅读跟伟大的思想家在一起。我避免被日常琐事所烦扰,我每天通过下棋和听音乐进行冥想练习。[26]

在寻求与他自己的死亡恐惧达成和解的同时,朱利斯在团队成员的帮助下去说服菲利普(叔本华思想的代表),让他认识到人与人之间的关系对活出生命意义的重要性,他们必须通过跟他建立生命关联的方式来进行,这是从未有人对历史上的叔本华所能做到的事情。

团体成员之间的谈话,以及他们跟朱利斯和菲利普的谈话,再一次突显了这样的主题:关于人必有一死,关于绝望,关于建立亲密关系的困难,以及团队成员就叔本华对上述主题的观点所展开的争论。叔本华相信,如果一个人前去任何一个墓地,敲击那里的墓碑,询问住在那里的亡灵是否愿意重返人世,他们会无一例外地断然拒绝。当菲利普通过阅读叔本华的著作而治愈了自己的性强迫症时,这个团体的任务,用小说中的一个人物的话来说,则是将他从叔本华的治疗中拯救出来。

由此,小说便在叔本华否定生命、人生不过是一场痛苦的哲学与尼采肯定生命、热爱你的命运(amor fati)的观点之间展开一场辩论,而亚隆是尼采观点的坚定同盟。然而,亚隆也很赞赏叔本华,把他和尼采一起视为对弗洛伊德产生过重要影响的哲学家。

在小说的结尾处,朱利斯(亚隆的化身)告诉菲利普:

> 我大体上赞同你和叔本华所说的关于人的境遇的悲剧性,但涉及面对这一事实我们该怎么办这一点,我们却是大相径庭的。我们应该怎样生活?如何面对我们终有一死这一事实?在意识到

第4章
心理治疗与哲学之间的对话

诸如我们不过是一种生命的形态,被抛入一个冷漠的宇宙之中,并没有任何预定的目的之类的事实的时候,我们该如何活下去?知道吗,当我最初收到诊断书、陷入恐慌的时候,我打开《查拉斯图特拉如是说》来读,特别从这些方面获得了心灵的平静并且深受鼓舞——他那欢庆生命的谈论,告诉我们应该以这样一种态度来生活:如果我们有机会以完全同样的方式不断重复我们生命的历程,我们会说'我愿意'。

"它是怎样使你解脱的?"菲利普问道。

我审视自己的生活,感到自己活得圆满,我的内心没有遗憾,尽管我也痛恨外部事件从我身边夺走了我的妻子,但它有助于我决定应该怎样度过余生——我应该继续去做那些<u>真正</u>给我带来满足和意义的事。[27]

菲利普拒绝俗世的各种关联,但是,团体成员在朱利斯的引领下,竭尽所能地跟他建立关系。在团体成员促使菲利普认识到人类关系的价值的同时,亚隆也在指导着他的治疗师读者们怎样实施团体治疗。菲利普曾经过的是一种无爱的生活，但当小组因朱利斯（并未感到恐惧的）死去而结束时，他在"亚隆疗法"中体验到了人类源源不断的暖流般的温暖和备受关怀的感动。这本书的名字是一语双关的："叔本华的治疗"既指叔本华所提供的治疗，也指叔本华所需要的治疗。

写作这本小说，源自亚隆对尼采和叔本华的理解，在亚隆看来，叔本华和尼采对人的境遇的看法是基于相同的事实和相同的观察，然而，这两个哲学家对此做出的反应却是截然不同的：尼采拥抱生命，而叔本华却否定生命。亚隆得出的结论是，造成这种分歧的原因在于叔本华有严重的人格障碍，对于这一点，亚隆在穿插于小说中的有关心理传记的章节里做了探讨。

在《叔本华的治疗》这本书里，亚隆将他的存在主义思想和团体治疗兴趣结合在一起。亚隆的意图是，也可以把《叔本华的治疗》作为他的团体治疗教材（即第5版《团体心理治疗：理论与实践》）的姊妹篇，因为《团体心理治疗：理论与实践》时而引用《叔本华的治疗》中的页码作为参照注释，从而提供了一些团体治疗基本原理的例证。

《当尼采哭泣》和《叔本华的治疗》向读者清晰地介绍

第4章
心理治疗与哲学之间的对话

了主要哲学家的复杂思想，同时也展示了心理治疗的技巧，与此同时，这两本书都得出了同样的结论：面对人类的悲剧性境遇，不管提供怎样的方法，其中都包括这样一些认识——我们作为旅途伙伴的身份，一同经验生命的虚空与激情，并在爱的关系中真诚地彼此相交。

第 5 章 心理治疗的前景

IRVIN D. YALOM
On Psychotherapy and the Human Condition

> 跻身于一个受人尊敬的、光荣的医治者的行列，对我来说一直都是一种殊荣，我们治疗师所属的传统不仅可以直接追溯到心理治疗的创始者弗洛伊德和荣格，以及他们的先辈尼采、叔本华、克尔凯郭尔，还可以进而追溯到耶稣、佛陀、柏拉图、苏格拉底、盖伦、希波克拉底，以及所有那些伟大的宗教领袖、哲学家和医生。有史以来，这些先贤们就开始不息地关护人类内心深处的绝望。
>
> ——欧文·亚隆

真正的治疗效果是从治疗关系中产生出来的，这是《诊疗椅上的谎言》(*lying on the Couch*)一书的中心主题，并且得到了生动地展现。《诊疗椅上的谎言》是一部读来很有趣的小说，时不时会显现一种喜剧的和讽刺的风格，将治疗关系中相遇的本质这类问题发挥到了极致。在实际的治疗中，真诚和真实看起来并不像实证研究所做的那样清楚。"用摄像机拍下治疗时段，我们看到治疗师和病人在交谈，但我们怎么能确定治疗师是否'真诚'和真实呢？这实际上意味着什么呢？比如，'真诚'包括治疗师在治疗过程中公开分享个人的情感吗？公开自己对于病人的情感吗？公开自己的生活？自己的问题？治疗师是否可以跟病人建立深度的联结？治疗师可以喜欢他们的病人吗？可以通过治疗让自己从中获取收益吗？"[28]

亚隆对桑德尔·费伦兹（Sandor Ferenczi, 1873—1933）做过的一个试验很感兴趣。桑德尔·费伦兹是一位匈牙利精神分析师，是弗洛伊德精神分析核心小组的成员，可能也是弗洛伊德最亲密的专业同行和心腹之交。费伦兹想弄明白，如果病人和精神分析师进行"相互分析"，即他对病人做一个小时的分析，下一次再由病人对他做分析，那情形该会是怎样的？在这一点上，费伦兹和他的一个病人做

第5章
心理治疗的前景

了试验,却以失败告终,分析在一些危险丛生的暗礁上搁浅了,这些暗礁包括保密和谁该向谁付费的问题。最终,费伦兹失去信心,放弃了这项实验。费伦兹的病人大失所望,她相信费伦兹不愿意继续下去,是因为他害怕承认他爱上了她。而费伦兹则持有一个相反的观点:他之所以放弃是因为他不愿意向她直言这样一个事实:他讨厌她。

亚隆之所以被费伦兹的实验所吸引,是因为他自己一直在探索如何让治疗过程更加开放的可能性,他在举办团体治疗(住院病人团体和门诊病人团体)的过程中,经常会"调换"活动程序,让实习生观察者和治疗师讨论治疗团体的情况,交流他们各自的意见,而他们进行这一切的时候,团体中的病人也可以观察到。在那个时期,因为从事治疗尚未受到经济考虑的驱动,他有时会使用这样一种教学法:他和几个实习生一起治疗一个病人,并且鼓励病人在面谈结束后观看他们的讨论。这样做的目的是使治疗过程以及治疗师的内在体验完全透明化。

在长期从事团体治疗的经验中,亚隆强烈地认识到,治疗师必须在治疗过程中做到互动和透明。团体带领者必须通过跟团体成员建立关系,非常细致地处理团体中诸多激烈的情感,在这一点上,他们起到的是避雷针的作用。

而且,带领者的行为对团体规范的建立也有示范作用。亚隆相信,透明性在个体治疗中同样重要,其中,治疗师必须与病人建立深切的关系,愿意公开治疗的机制以及他们自己的当下感觉。治疗师的自我袒露总是对治疗产生促进作用。亚隆说:"在我的治疗实践中,我经常看到病人在之前有过一些不满意的治疗经历,我一再听到同样的抱怨:治疗师太冷淡、太漠然、太僵化。我几乎从未听到一个病人抱怨他们的治疗师太过于敞开自己,与病人互动太多,或人情味太多(当然,这不包括那些对病人实施性剥削的治疗师)。"[29]

然而,这种袒露的限制和界限在哪里呢?"一边要建立真诚的关系,一边要加以严格的、规范性的限制,这是可能的吗?治疗过程中严格的时间限制、规范以及以金钱换服务等因素不会侵蚀关系的真诚性吗?治疗师可以做病人的朋友吗?治疗师和病人之间存在喜爱之情吗?治疗意义的爱包括爱抚或拥抱吗?治疗关系中性的、社会的、职责的、金钱的界限是什么?它们应该是什么?

"这些为人关注的当代话题不仅至关重要,也颇为复杂,且非常容易引起麻烦。有如此之多的诉讼,如此之多的举报治疗师(教士、教师、医生、警官、雇主、主管、精神导

第5章
心理治疗的前景

师，任何一种涉及权力的职业）滥用权力的案例。有鉴于此，在一部带有喜剧色彩、有点玩世不恭的小说里来讨论治疗的权限问题，这显然是一种冒险的做法。因此，我试图保持一种平衡的观点：一方面讨论病人遭遇滥用权力之害这一令人担忧的现象，另一方面，去面对一个同样令人担忧的发展变化——来自法律的强烈反应给构建治疗关系造成了威胁。"

"例如，在专业杂志上有这样的文章，提出严肃的建议：用不间断运行的安全巡查摄像机对治疗时段进行全程录像，以此来保护病人免受治疗师的性虐待（同时也保护治疗师免受错误的指控），对这种建议，我们该做何感想？治疗师被建议实施防御性的心理治疗。法律行业如此之深地侵入到治疗过程的亲密性之中，以至于许多人根本就不去考虑，安全电视摄像机会在多大程度上摧毁心理治疗行业的本质精神。治疗师们得到的教导是，要在病历表中填写病情进展记录，就当作有一个充满敌意的律师正在阅读这些记录一样。"[30]

亚隆是想通过《诊疗椅上的谎言》来探讨治疗师——病人之间界限问题的所有复杂因素：治疗中的风险和诱惑、治疗师的欲望、避开陷阱的模式、病人被利用的危险。治疗总是一场二人剧，亚隆想探讨每个参与者深切的主观体验，而不匆忙乱扣帽子，实施批评与惩罚。因而在《诊疗椅上的谎言》里探讨了许多有争议的问题，例如，它甚至探讨了这样一个相当微妙的问题：如果关系是真诚的，性活力（而不是性行为）是否可能在成功的治疗中发挥一种合理的作用？这是一场大胆的冒险，也是亚隆仅有的一次涉足纯粹虚构的小说创作——没有哲学家作为人物原型，没有人物是从对病人进行适度的伪装而塑造出来的。在《诊疗椅上的谎言》中，他让自己有充分的自由去塑造治疗师、病人和其他角色，依然带有教导人们理解心理治疗的创作意图。在他的作品中，这部小说情节最为错综复杂，公开说教色彩最少，然而，任何一位学习心理治疗的人都会从中发现许多东西在对他们有关心理治疗过程的看法提出了挑战。

《诊疗椅上的谎言》的名字是一语双关的（顺便说一句，这个名字不宜翻译成任何其他语言），它提出了治疗中撒谎的问题。在司法精神病学领域或任何有第三方（包括律师、雇主，保险公司或病人配偶）闯入治疗场合的环境中，公然说谎已是家常便饭。但在传统的治疗关系中，病人追求更高层面的自我理解和个人成长，谎言采用的是更加让人

第5章
心理治疗的前景

难以觉察的形式——隐瞒、夸大、忽略或曲解。每个人都会隐瞒一些东西,通常,他们隐瞒私人生活中那些耻于暴露的重要事实。他们也经常隐瞒他们当下产生的强烈情感,比如在团体治疗中对其他在场的人的强烈情感,或在个人治疗中对治疗师的强烈情感。妒忌、诱惑、恐惧和冲动都被掩藏起来。记忆并不可靠,治疗师经常发现的情况是,很难分辨什么是虚构的,什么是真实的。由此,强制一个人始终诚实、永不撒谎会给他带来困惑,使他陷入两难的窘境。

《诊疗椅上的谎言》的主角叫恩斯特·莱什(Ernest Lash),他试图重新去做费伦兹曾经做过的实验,尽管他不像费伦兹那样有很多的自我袒露,但他决心在与他的下一个病人进行互动的过程中保持绝对诚实。不幸的是,他的下一个病人是位女性,她对恩斯特十分恼火,因为她认为是他鼓励她的丈夫离开她。她是一个表里不一、报复心极强的人,她把自己伪装成病人,来引诱恩斯特,目的是得到把柄后可以起诉他的治疗渎职行为。

小说由此拉开了序幕:遂莫尔·特洛他尔(Seymour Trotter)是一个著名的精神病学家,被指控公然对一个年轻的女病人有不正当地性行为,目前正在接受年轻的恩斯特·莱什的谈话审查，恩斯特·莱什是医院医学伦理委员会委员。遂莫尔·特洛他尔是一个经历过创伤的医治者，在他身上，一半是易犯错误的人，一半是天才的治疗师。他的故事被用来作为一种警戒讲述出来。正是在这个暗淡背景的衬托下，小说的剩余部分即将展开：在小说中有许多治疗师，涉及怎样做治疗和怎样做一个治疗师这类问题，每一个人都代表着一种不同的理解方式。精神分析机构的浮夸之风和派别之争遭到嘲讽，行为内的妄自尊大受到抨击，小说尤其要表现的是，要想在治疗师和病人之间创造真诚的关系，这种努力会面对巨大的不确定性和许多的陷阱。

"你必须具有足够的勇气和创造性，才能做到为每一位病人量身定做一套新的治疗方法。"遂莫尔·特洛他尔，这个犯了错误的治疗师对恩斯特·莱什如是说。治疗师必须放弃所有人为的"技巧"，他对病人了解越多，诊断就越是变得没有意义。成功的治疗靠的是两个人建立关联。然而，在这点上，一个治疗师可以走多远呢？显然，特洛他尔走得太远了。通过一种强有力的文字表述，《诊疗椅上的谎言》里那些充分觉察的人物对心理治疗的边界这一棘手的问题进行了探论。

小说中的主角恩斯特·莱什的追求是成为一个诚实正

第5章
心理治疗的前景

直的人和一个诚实正直的治疗师。尽管他有自己的贪欲,容易犯错,会在原始欲望里挣扎,但他依然对病人尽职尽责,完全相信并投身于实现人类成长的持续可能性。在这部充满曲折情节和意外的小说中,亚隆一直都在向人证实,即使在最恶劣的环境下,治疗师的真诚最终也是有救赎意义的。

从写作《诊疗椅上的谎言》的岁月中回到现实,纵览当代治疗界,亚隆发现心理治疗受到医疗看护管理公司的侵袭,这些公司强求心理治疗必须快速减轻症状。在大多数精神病学培训项目中,心理治疗的教学份额越来越少,过去是这样,现在还是这样。并且很少涉及亚隆在其著作中如此努力去阐明的那些微妙之处。精神病学已经变成了施予药物治疗的科学。在心理学和社会工作领域,为高度分类化的障碍提供操作化治疗的认知行为疗法盛行开来。不仅如此,尽管研究显示,治疗关系在心理治疗的成效上起着主导作用,但人们对这种关系的性质及其构建给予的关注依然遭到冷遇。

亚隆开始将他的著作看作为后代所写的,也许他们想去了解,在从前的美好日子里,当更深形式的治疗效果发生时,心理治疗会是什么样的。他使用故事的叙述方式,对在咨询室这个私密空间里发生的一切进行了详细的、颇有可读性的，甚至令人愉悦的描绘。从教科书中那些有关团体治疗的小短文，到《叔本华的治疗》中对长期治疗团体的完整叙述，读者能以一个停在墙上苍蝇的视角观察咨询室内发生的一切，从而向大师学习。在两本小型案例故事集和《诊疗椅上的谎言》中，亚隆同样展示了自己的个体治疗工作。

看到心理治疗变得越来越机械，越来越缺乏人情味和亲密性，以至于生活被排挤出心理治疗的门外，亚隆感到相当懊恼，他随后决定为新手和有经验的治疗师写一本通俗易懂的指南书，该书恰如其分地命名为《给心理治疗师的礼物》(*The Gift of Therapy*)。在这本 2002 年出版的著作中，亚隆把他的智慧提炼成 85 篇一两页的"课程"，当然是用故事的形式来进行阐释的。

亚隆注意到，心理卫生领域的著名理论家的著作在书架上的保存期变得越来越短了，他开始带着崇敬的心情去阅读凯伦·霍妮⊖的书，她的《神经症与人的成长》曾经对他产生了深远的影响。他采纳霍妮的观念，认为人类具有

⊖ Karen Horney (1885—1952)，德裔美国心理学家和精神病学家，新弗洛伊德主义的主要代表人物之一。——译者注

第5章
心理治疗的前景

一种追求自我实现的内在倾向,如果障碍被消除,个体将发展成一个成熟的、全面实现自我的成人,就像一颗橡树的种子将长成一棵橡树一样。由此,心理治疗师的工作可以被理解为排除成长的障碍,这是亚隆本人治疗方法的核心理念。

亚隆教导说,心理治疗的冒险旅程充满了自发性、创造性和不确定性。这里,他再一次强调建立在悲剧人生观之上的肯定生命的态度。他谆谆告诫:治疗师要参与病人的生命,支持对方,尽量透过病人的窗口往外看,用他们的眼光去看外面的世界。亚隆所讲述的最令我难忘的是一个年轻女子的故事,她抱怨自己长期陷入一种跟总是对人对事都持否定态度的父亲之间那种痛苦挣扎的关系里。由于渴望她和父亲达成某种形式的和解,让他们的关系有一个新的、前所未有的开始,她期待父亲开车送她去上大学,这样她就可以和父亲单独相处几个小时。然而,这个期待已久的旅程最终是一个灾难:她父亲一如既往地一路都在抱怨路边那条丑陋的、充满了垃圾的小河。而她,在车的另一边,看到的是美丽而充满乡村风味的纯净的溪流,里面没有任何垃圾之类的东西。她没有办法回应父亲的抱怨,最终他们陷入沉默,在剩下的路程中他们都没有看对方一眼。

后来，她单独踏上了同样的路途，震惊地注意到那里有两条溪流，路的两边各有一条。"这次我是驾驶员，"她伤心地说，"我从驾驶员这边的窗口向外看，溪流正像我父亲曾经描述得那样丑陋不堪和充满污秽。"[31] 然而，当她学会从她父亲的窗口往外看的时候，一切都来得太晚了，她的父亲已经去世了。

亚隆提醒他的读者记住，病人看待心理治疗进程的视角与治疗师会有很大不同，治疗师，甚至是经验丰富的治疗师，一再发现这样一种现象：病人描述自己在前一次治疗中的强烈的情感反应，而治疗师本人对此却无法记起。要真正了解他人的感受是极其困难的，常见的情况是，我们把自己的感受投射到别人身上。

同理，治疗师要做到此，并不见得一定要有与病人同样的体验，他们可以遵从这样一个格言："我是人，对我来说，任何属于人性的东西都不是怪异的。"这要求治疗师们向自身的那一部分敞开，从而接应病人表现出来的任何行为或荒诞的想法，不管这些行为或想法看起来是多么可憎、暴力、淫荡或具有虐待狂性质。

亚隆相信，治疗师最有价值的工具是自我，因此，通过对自身进行治疗这一途径来探索自我是必要的。只有通

第5章
心理治疗的前景

过这个途径，治疗师才能意识到他们自身的盲点和阴暗面，从而能够在更大范围里对人的愿望和冲动产生同理。自我治疗的体验也使受训练的心理治疗师得以从病人的角度体验治疗过程，其中包括的因素如对治疗师进行理想化的倾向，依赖的渴望，对关心自己和用心倾听自己的治疗师的感激之情，以及愿意接受治疗师对自己产生影响。心理治疗是一种对心理提出很高要求的艰巨工作，治疗师必须开发自己的觉察力和内在力量，以应对心理治疗中存在的许多职业风险。治疗师们只能通过在生命的许多阶段重新接受治疗，才能让自己从中得益。自我认识的获得不是一劳永逸的。

亚隆建议治疗师不要做一个超然的"专家"，而要做到"让病人对你来说是重要的"[32]，要用得体的方式向病人表明他对你产生的影响，"承认你的错误并继续与他们合作。这有助于建立一种亲密的和信任的关系。做好准备让自己随病人而行，为每个病人设计一套独特的治疗方法。"[33]

当亚隆深入到治疗的本质，他再度发现，关键的概念是"当下体验"，就在此时，就在此地，病人和治疗师的人际互动空间里发生了什么？在亚隆看来，人们陷入绝望是因为他们没有能力去建立和保持持久的、令人满足的人际关系。基于他的这种模式而建立起来的心理治疗，其目标是排除障碍从而实现令人满足的关系。治疗是一个社会交往的缩影，从这个意义上来看，如果治疗不是高度结构化的，而是置于关注当下的治疗关系之中，病人在人际关系上存在的问题迟早会显现在当下的治疗关系之中。如果这个病人在生活中是苛刻的、可怕的、自大的、退缩的、勾引人的、控制人的、审判性的或对人际关系适应不良的，这些个性特征将会在关注当下体验的治疗进程中活灵活现地表现出来。治疗师只需要对病人在互动中所发生的情况保持警觉，并尽力找到它们与病人自述在外部世界的关系中存在的人际困难的那些相似之处。为了充分进入当下体验，治疗师必须进入他们自己的情感，并把这些情感作为衡量治疗过程中互动情况的晴雨表。如果治疗师感到厌烦，那说明病人的某些行为诱发了这种厌烦情绪，这可能是肇始于病人害怕亲密关系，或病人对治疗师有未曾言说的愤怒。只能通过在互动的那一刻即时公开认可自己的感觉，治疗师才能了解病人为什么那样表现。要做好这一点，治疗师既要有深刻的自我觉察，也要有对病人做出机智、友善反馈的技巧，以避免责难病人，最重要的是，也要准备好告知他对彼此间互动出现问题负有责任。

第5章
心理治疗的前景

在亚隆进行的（个体）治疗中，最深层、最有成效的治疗发生在治疗师和病人之间的当下体验之中。治疗师的任务是，密切关注自己和病人的二人空间及关系进程中所显露出来的东西。亚隆主张用一个简单的嵌入式问询（check-in）将这种关系引入到关注的中心，比如可以问这样一些问题："你和我今天做得怎么样？""你上次面谈回去后对我有什么感觉？""我注意到今天的面谈里有一个真正的转变。最初我们之间的距离似乎很远，在接下来的20分钟里，我感觉我们亲近多了。你有同样的感受吗？如果是那样的话，是什么让我们走得更近的呢？"

亚隆教导他的读者：不要替病人做决定，认为治疗师具备所有的必要信息的想法是愚蠢的。治疗的目标是清除路障，使人过一种有目的的生活，帮助病人对自己的行为承担责任，而不是提供解决方案。

梦是一条非常重要的进入病人内心生活的通道，它们帮助我们理解治疗关系、存在体验、无意识幻想，它们通过隐喻的方式反映个人生命的最深层面。亚隆在引导病人为接受治疗做准备时，会告诉他们梦的重要性，甚至要求他们在床边放上便笺本和笔，以便随时记下他们的梦。在《给心理治疗师的礼物》中，他详细描述了下面这个故事，

以证明梦可以使治疗变得生动,可以引导治疗的方向。他的一个病人做了下面这个梦:

> 我在家里的走廊上,透过窗户看见父亲坐在书桌前。我走进房间向他要一些给汽车加油的钱。他把手伸进口袋,当他递给我一沓钞票时,他用手指指我的钱包。我打开钱包,发现里面装满了钱。于是我说,我的油箱空了,他来到外面,走到我的汽车旁边,指着汽油表,上面显示:"已满"。[34]

亚隆对这个梦做出分析时指出:"这个梦的主题是空虚与充实,这个病人想从她父亲那里得到某些东西(也希望从我这里得到,因为她梦里的房间与我办公室的结构非常相似),但她又不知道自己需要什么。她以为自己需要钱和汽油,但她的钱包里已有很多钱,她的油箱也是满的。这个梦所描绘的是,她的生命充满了空虚感,她相信只要她能够向我提出适当的问题,我就会给她力量,让她变得充实起来。因此,她坚持要从我这里得到她所渴求的某些东西,比如赞扬、宠爱、特殊的对待、生日礼物。在做这一切的时候,她同时又知道自己做错了。我在治疗中的任务就是改变她的关注导向,从一味从他人那里获取供应转向她自

第5章
心理治疗的前景

身丰富的内在资源。"[35]

在亚隆向治疗师提出的忠告中,有些还保持着他初入此行时的那种质疑权威的激进风格。亚隆告诫道:避免做诊断。总有一天,精神卫生专业工作者会对这样的主意感到可笑——对人进行整齐划一的分类,编入到被亚隆称为"中国餐馆菜单式的《诊断与统计手册:精神障碍》"中去。他断言,用标准模式进行每周一次的协议驱动治疗是"一种可恶的做法"。对于亚隆来说,治疗需要为每一位独特的病人构建一种独特的治疗方法,他认为这种构建工程本身就是治疗。他的意思是说,当治疗师和病人在不确定中探索着去接近对方时,当他们蹒跚前行试图突破各自的局限时,当他们想方设法放下自我防卫以便深入地去发现彼此时,这本身就是治疗。实际上,亚隆在一些年前曾教导的东西,正是新近的精神分析学派关系模式学派刚刚发现的东西。心理治疗能够产生怎样的效果,取决于治疗师和病人共同构成的空间里发生了什么。

亚隆写作《给心理治疗师的礼物》有一个目的,就是反击一切企图把心理治疗标准化并把它限定在伪科学框架之中的社会势力。他写道:"实证支持治疗(EVT)这个概念近年来在心理治疗领域产生了巨大的影响,但迄今为止,这些影响都是负面的。只有得到实证支持的治疗（这实际上是指简短认知行为疗法，即 CBT）才会得到许多医疗保健机构的批准，有资格授予硕士和博士学位的心理学院正在修改其课程设置，把教学重点放在实证支持治疗的课程上，认证考试要求心理治疗师必须对实证支持治疗的优越性有充分的认知，主要的联邦政府心理治疗研究基金会对实证支持治疗研究项目更是情有独钟。

"所有这些发展，给许多资深的临床心理专家造成了不协调感，他们每天要面对那些坚决要求使用实证支持治疗的医疗保健管理者。这些资深的临床心理专家看到了简直是不可胜数的科学证据，证明他们使用的治疗方法的效果大大低于那些资历尚浅的（收费低廉的）治疗师在极短的时间内使用认知行为治疗指南进行治疗所产生的效果。他们的直觉告诉他们这是错的，怀疑这里面存在有意的欺骗，他们却无法做出有证据支持的回应，也只好偃旗息鼓，一边着手去做自己的事，一边盼着这场噩梦能够结束。"[36]

亚隆提醒人们注意对实证支持治疗提出挑战的其他工作，以及一些研究发现反映，在实验治疗条件下发生的情况在真正的治疗处境中根本就不会发生。实证支持治疗研究做出许多错误的假设，如在治疗之初，病人只有一种可

第5章
心理治疗的前景

供他们报告之用的可以界定的症状;简短的治疗可以处理长期的问题;有效的治疗要素可以被分解成彼此不相关联的不同部分;一本书面的系统操作程序手册可以使受到最少训练的人实施有效的心理治疗。

亚隆进一步指出,"没有经过有效验证的治疗并不是被证实为无效的治疗"[37],人们几乎不可能验证这样一种治疗的效果。"这种治疗建立在一种亲密的治疗师——病人关系之上,这种关系是从真诚里锤炼出来的,专注于自然发生的当下体验。"

从亚隆的著作中,我们可以清楚地看到,作为一个心理治疗师和从事心理治疗可以通过无数的方式获得丰富的回馈,但也存在职业的风险。"心理治疗是一个要求很高的职业,成功的治疗师必须能够承受孤独、焦虑以及挫折,这些在治疗工作中都是不可避免的。"[38]他奉劝刚开始从事这个职业的治疗师密切注意在自己的生活与他人建立一种让人满足的关系:

"治疗师的世界观本身就是孤独的,经验丰富的治疗师会用不同的方式看待关系,他们有时会对社会繁文缛节和官僚作风失去耐心,他们不能忍受一般社交场合中短暂而浅薄的风云际会和闲言碎语。在旅行时,一些治疗师会避免与他人接触，或者他们会隐瞒自己的职业，因为公众会对他们做出歪曲的反应，这让他们感到相当厌烦。他们感到厌倦，不仅因为公众对他们有非理性的恐惧或贬低，也因为公众会过分高估他们，认为他们能够看透人的心思，或认为他们能够随时对各种各样的问题提供答案。"[39]

他们面临的挑战是，在每天的治疗工作中，都要处理病人对他们进行的大量的理想化和贬低，这样，治疗师就必须努力去处理那些复杂而强烈的内心体验，包括怀疑自身能力和夸大自身能力。因此，亚隆建议治疗师要不断接受个人治疗，创立或加入治疗师支持小组，从而分享个人和职业生活中的压力。亚隆表示，他一直认为心理治疗更多的是一种受到感召的使命，而不仅仅是一个职业。他建议那些对累聚财富比服务他人更感兴趣的人去选择另外的职业。

在《给心理治疗师的礼物》的结尾，亚隆反思自己在职业生涯中，他作为一个治疗师，怎样让自己和他人活出意义："治疗师的生活是服务他人的生活，在这种生活中，我们每天都要超越自己的个人愿望，转而去关注他人的愿望和成长……我们的快乐不仅来自让病人获得成长，也来自这种成长带来的连锁反应——我们的病人对他们在生活

第5章
心理治疗的前景

中接触到的人也产生了良好的影响。"[40]

"每天,病人跟我们分享他们的秘密,我们听取这些常常是从未告诉过他人的秘密,这是只有很少人才能享有的荣幸,这些秘密为我们提供了一个后台,由此可以观看到没有社会面具,没有角色表演,没有虚张声势,没有装模作样的人生境况。怀抱着这些秘密的人被赐予了一个澄澈的透镜去观看世界,通过这样的透镜去观看,很少带有歪曲、否定和幻象,因为那是按着事情本来的样子去观看。我们受此之赐,得以对人生境遇有了真实的、悲剧的了解。"[41]

"我们在智性上受到挑战,我们成了探索者,投身于最宏伟、复杂的追求之中——促进人类心灵发展,使之发挥作用,并对之善加维持。我们与病人携手同行,品尝着重大发现的欢欣。当迥然不同的观念碎片在突然之间顺利地组合成一个有机的整体时,我们就会体会到这种欢欣。在另一些时候,我们是助产士,协助新的、具有解放意义的、鼓舞人心的事物产生出来。我们看到病人放弃旧的、自我挫败的生活模式,摆脱以往的怨愤情绪,发展出对生活的热情,学会爱护自己,并由此得以充满爱心地去对待他人。看到病人打开了其自身智慧源泉的闸门,对于治疗师来说那真是一种快乐。有时候，我感觉自己像一个导游，陪护着病人进入他们自己家的房间。我最大的快乐就是看到他们打开房门，走进以前从未涉足的房间，发现他们家建起了新的翼房，里面存放着曾经遭到遗弃的部分——智慧、美丽、个性中的创造性因素……

"跻身于一个受人尊敬的、光荣的医治者的行列，对我来说一直都是一种殊荣，我们治疗师所属的传统不仅可以直接追溯到心理治疗的创始者弗洛伊德和荣格，以及他们的先辈尼采、叔本华、克尔凯郭尔，还可以进而追溯到耶稣、佛陀、柏拉图、苏格拉底、盖伦、希波克拉底，以及所有那些伟大的宗教领袖、哲学家和医生。有史以来，这些先贤们就开始不息地关护人类内心深处的绝望。"[42]

第6章 亚隆对其治疗工作的反思

> 我知道自己是孤独的和有限的,但在我读你的书的时候,我感到自己与人类中的其他人是联系在一起的,因为我认识到,每一个人跟我在一起,我们同舟共济——谢谢你深刻的见解和慰藉人心的话语。
>
> ——一位欧文·亚隆的读者

IRVIN D. YALOM
On Psychotherapy and the Human Condition

朱瑟琳：给我留下深刻印象的是，你作为一个治疗师和一个作家，到底读了多少哲学著作，并且将它们整合到你的工作中去。

亚　隆：我花了10年时间阅读哲学著作和写作《存在心理治疗》。我的一个好朋叫阿列克斯·康富特（Alex Comfort，因写作《性的愉悦》而闻名，但他写了50多本学术和文学著作）劝告我说，是停止阅读并开始写作的时候了。但从那时到现在，我一直不停地阅读哲学著作。《存在主义心理治疗》是自那时起我所有作品的集中体现，所有这些故事书和小说都是用不同方式在扩展《存在主义心理治疗》的不同方面。

朱瑟琳：但是，你并不把存在主义心理治疗看作一个心理治疗学派？

亚　隆：是的，我从来都不这样看。没有一套训练系统可以造就出存在主义治疗师，除非他首先是一个经过良好训练的治疗师，然后再发展对存在主义问题的敏感能力。我一直坚持不去开创一个机构或一个培训

第6章
亚隆对其治疗工作的反思

项目,因为写作对我有如此强烈的吸引力,我确实热爱写作。

朱瑟琳: 在你的案例故事书以及其后的第一本小说取得巨大成功之后,你要开始多写一些面向大众的书吗?

亚 隆: 没有。我一直认为我的读者是年轻的治疗师,年轻的精神科的驻院医师、实习心理治疗师和心理咨询师。

朱瑟琳: 那么,你从来没有想过面向普通大众写作?所以,当你通过书籍跟治疗师谈话,普通读者只是在那里偷听。

亚 隆: 是的,他们愿意偷听,是因为他们曾经接受过治疗,或者对治疗的话题感兴趣。我想起在《爱情刽子手》的出版介绍里做的声明:这本书是为咨询室内的咨询师和病人而写的。我也想到,学哲学的人会对此感兴趣,特别是当我写到尼采和叔本华的书。叔本华的心理传记是原创的,没有人那样写过。

朱瑟琳: 你怎么会选择叔本华呢?对你选择尼采,我比较了解一些,因为你和他的哲学走得很近。

亚　隆：叔本华总在那个背景之中。我们必须记住,叔本华是尼采的老师——我是指思想意义上的老师,其实他们未曾谋面。然而尼采最终与他背道而驰,有很长一段时间,我对他们分道扬镳很感兴趣。对我来说十分有意思的是:他们是从同一个起点出发,对人类境况有同样的体察,然而,其中一人成了生命的赞颂者,而另一个则成为否定生命的人。那么,这一切意味着什么呢?我怀疑是性格或人格的驱动使然。

弗洛伊德也对叔本华感兴趣。在弗洛伊德受教育的年代,叔本华是德国的主要哲学家。弗洛伊德的主要思想在叔本华的书中都有所阐述。叔本华的著作涵盖甚广,他在许多问题上都著述甚丰,如政治、音乐和美学,但我的兴趣主要集中在他关于生命和存在的作品上。

我们必须先认识人的境况,然后才想如何去着手处理。叔本华能够让我们了解,欲望是徒劳的,我们

第6章
亚隆对其治疗工作的反思

被人遗忘是不可避免的;但最终,是尼采那拥抱生活的思想为解决这一困境提供了切实可行的答案。

朱瑟琳: 在你那么多的故事和小说中,反复出现了性迷恋和爱情迷恋的主题。你能告诉我你怎么会对这些感兴趣的吗?

亚　隆: 我一直对浪漫爱情的想法很感兴趣,双方借着这种爱情,各自失掉自己,融入对方之中。我常常把这种爱情描述为"孤独的我消融于我们之中"。这时,你失掉了由跟他人分离而产生出来的个人独立感,你很少会感到孤独,反而获得了一种舒适感。这就是为什么我一直对奥托·兰克关于人生是在生存焦虑和死亡焦虑之间来回摇摆的确切表述如此迷恋。还有恩斯特·贝克（Ernest Becker）,他是富有兰克主义思想,他在自己的佳作《否定死亡》中发展了兰克的思想。

所以,我一直对这种浪漫爱情的想法感兴趣,也对宗教意义的顺服感兴趣,因为二者是相似的,都与孤立的终极关怀有关。有关迷恋的问题也是尼采思想的突出主题。

我最近有一个病人，他迷恋一个女子，这个女子已经与他分手了，他却无法控制对她的思念。他去阅读尼采的著作，并回来告诉我，读尼采的书比我们进行了两年的治疗对他更有帮助。

朱瑟琳： 看来，我们努力想成为自主的人，却难以应付我们与他人分离？

亚　　隆： 是的。并且在大多数强迫性行为的背后存在大量的死亡焦虑。通常，因为诸如愤怒之类的其他问题，死亡焦虑被忽略了。

朱瑟琳： 所以说，在存在性孤立的痛苦中，孤独的我与愤怒有关联，愤怒与死亡焦虑又相关联，而恐惧和愤怒总是涉及孤独和死亡。我们被孤零零地抛入这个有限的存在中。在你所写的关于尼采的小说和一些故事中，你的目标是帮助人们放弃这种迷恋。

亚　　隆： 是帮助他们找到与他人建立关系的更真实的途径。

朱瑟琳： 你认为爱情迷恋和性迷恋是一回事吗？

第6章
亚隆对其治疗工作的反思

亚　　隆： 我把它们看作第一对堂表亲。在《叔本华的治疗》中，菲利普的焦虑通过性交得以缓解，然而这种缓解是转瞬即逝的。在浪漫爱情中，没有那个人，你便无法生活下去，如果失去她，你就处于持续的悲痛中，这是我的许多病人的问题。

朱瑟琳： 你怎么把真正的、有意义的关联与爱的迷恋区别开来？

亚　　隆： 基本的区别在于理性，不用非理性的概念去思考。爱情迷恋是高度非理性的，它把对方本不具有的东西归功于对方，它眼中的对方并不是对方本来的样子，它不能把他人看作一个有限的、独立的人，总认为对方身上充满着魔力。爱情迷恋就像宗教一样，它们共同之处就是把力量归于他者。

朱瑟琳： 难道你不认为当人们彼此相爱时，他们会做一些这样的事情——在一定程度上把对方理想化，把另一个人看作很特别的人？

亚　　隆： 我认为真正的爱的关系包括关心对方现在是什么样的，以及会成为什么样的，恰如其分地体谅对方，竭尽所能地去关心对方。然而，这可能并不是爱情迷恋所关注的焦点。就像《爱情刽子手》中的第一个故事——那一对恋人中的一方甚至不知道另一方存在精神问题。人们会爱上一个他们几乎不了解的人。在真正的爱中，你会恰当地把对方看作一个人，像你自己一样。你通过了解他是谁，是怎样的人，因而爱上他，这样，他就不会被迫要去成为他本来不是的那样一个人。对我来说，我所赞同的爱的关系，是彼此能够看清楚对方。

朱瑟琳： 所以，这可以成为爱情关系中的理性标准。

亚　隆： 是的。

朱瑟琳： 在你最近的著作《直视骄阳》中，你回头来谈死亡这一主题，我想知道为什么是现在来谈这个主题？

亚　隆： 我现在更多关注这个主题，是因为我的年纪。我现在76岁了，在这个年龄，人们会死亡，而我眼看着朋友们在衰老和死去，而我自己活到现在，其实已经是赚了。在《直视骄阳》里，我对此谈了很多。

路亚林： 在这个年纪写这本书意味着什么？

第6章
亚隆对其治疗工作的反思

亚　隆： 对这个话题，我一直是驾轻就熟并全心投入的。起初我打算就如何处理死亡焦虑这个主题写一系列相互关联的小说。我阅读过大量的柏拉图和伊壁鸠鲁的著作，我想到写一些与此有些关联的小说。我受到村上春树《地震之后》一书的启发，在这本书中，所有的故事都跟一个中心事件——神户地震牵连在一起。我脑海里有6个故事，我的计划是，以同样的关于死亡的噩梦作为每个故事的开始，在每个故事中，做梦的人在死亡的惊恐中醒来，离开家门去寻找能帮助他克服死亡焦虑的人。第一个故事的时间背景是公元前348年，做梦的人出门去寻找伊壁鸠鲁。第二个故事将涉及中世纪的一个不重要的教皇。然后是弗洛伊德时代，再后来更多的是当代故事。然而，我在第一个关于伊壁鸠鲁的故事上花费了大量的时间去做研究，我通过阅读去了解古希腊人早餐吃什么，古希腊人的咖啡是什么样的，他们穿的衣服是什么样的，随后我开始阅读有关古希腊的小说，如一本关于阿基米德的小说，以及关于德尔菲城女祭司的小说——直到6个月时间悄然而逝，我意识到，做这种背景研究都要花上几年时间，我很不情愿地放弃了这个非常宏伟的构想。也许，读到我们这次谈话的某位读者某一天会写出这样的小说。

于是，我开始着手去实施曾经设想的另一个写作计划：修订《存在主义心理治疗》一书。我仔细地重读这本书，并在我想修改的地方做标注，还组织了一门课程，让修读该课的学生跟我一起阅读这本书，并帮我甄选材料以替换过时的资料。然而，这个任务最终还是让我不堪重负，特别是要进行大量的图书资料的查询，有关本书自第一次出版之后25年中所累积起来的大量涉及终极关怀的实证研究资料。于是，我放弃了这项工作，转而写了另一本书，探讨完成《存在主义心理治疗》这本教材以来的这些年里，我对存在主义方法有怎样的理解。接着，我的经纪人注意到这本书中近3/4的内容是在论述死亡焦虑，于是向我提出建议，如果我要集中探讨死亡焦虑，可以在写作上更加紧扣这个主题。最后，出版商建议我，本书的定位应更多面向普通大众，我再次对它的内容做了修改。我同意出版商的

第6章
亚隆对其治疗工作的反思

建议,但坚持将本书最后一章定位于面向治疗师。我相信,本书中最有力量的一章便是具有个人色彩的一章,它论述了我自己的死亡觉知方面的发展。

朱瑟琳: 你觉得,跟你开始写这本书的时候相比,写成本书会减轻你对死亡的恐惧吗?

亚　隆: 我想是的。但是写作有关死亡焦虑的这本书不是为了治疗我自己对死亡的恐惧,我从来没有那么多的死亡焦虑。在很久以前,当我开始为癌症患者提供治疗时,这倒是一个问题,我并不认为我对死亡焦虑的程度与别人有什么不一样。多年来,我感觉自己在处理病人的死亡焦虑方面已经颇有成效了,我自信能够为这些病人提供帮助。

欧文与我分享了一些他每天收到的来自世界各地的电子邮件。这些诚挚的(常常也是令人心碎的)信件表达了人们的感激之情,因为亚隆的作品通过不同的方式改变了他们的生活。

"仅仅说你的文字感动了我或影响了我是不够的。在《叔本华的治疗》一书的结尾,当潘把她的手放在菲利普身上,把他所需要倾听的话讲给他听时,书页上的文字开始变得模糊起来,我所能做的就是把头靠向后面,任泪水肆意横流,只到我的神志恢复过来。这正是我所需要的宣泄。"另一封信这样写道:"我知道自己是孤独的和有限的,但在我读你的书的时候,我感到自己与人类中的其他人是联系在一起的,因为我认识到,每一个人跟我在一起,我们同舟共济——谢谢你深刻的见解和慰藉人心的话语。"另有一封信来自一位土耳其的教授:"我给你写信是为了感谢你如此美妙地陪伴我度过这一天难熬的时光:当你孤身一人,或者感到更糟或更好时,当你感受到你的孤独的时候……我经常用你的一句话或一个思想作为上课时的开场白,用以激励班上的学生,也激励我自己——让我们打开一个新的窗口,用稍微不同的眼光看待事物。"

其他一些信件来自一些遭遇情绪痛苦的人,他们渴望得到缓解痛苦的方法,一些类似亚隆曾经为他的病人提供的那些东西。亚隆亲自回复每一封信件,让他们知道,这些信件对他很重要,或者,他总会尽力做到给他们提供忠告。

朱瑟琳:这些信对你来说意味着什么?

亚　隆:我觉得我找到了另一种或者说第二种方式的治疗实

践（another, a second therapy practice）。我知道我对我的一些读者来说意义重大。我意识到，他们把我塑造成一个充满智慧的人，实际上我并没有那么多智慧，他们渴望与我建立关联。我尽量回复每封来信，哪怕只是对他们说谢谢你的来信。这种通信使我对我的读者群体有了非同寻常的了解。15年前我从精神病学系提前退休，其中有一个主要原因是精神病学已经变得如此药物化，以致我的学生对心理治疗没有多少兴趣了，相反，他们对生物化学和药物学研究与实践的兴趣要大得多，实际上没有学生真正对我要教的东西感兴趣。因此，我现在的感觉是，我是在通过写作来完成我的教学，我并不怀念课堂教学，因为我觉得我现在拥有了完全不同的另外一种教学方式。在我看来，我是以写作来教学，与读者保持通信，这些时刻都让我意识到这一点。

朱瑟琳：你试图在回信中传递什么信息呢？

亚　隆：就像我已经说过的，有些回信只是谢谢他们给我写信告诉我，我的书对他们是有意义的，我只是简单地向他们表示，我高兴知道我的作品对人产生了积极的影响。有时我会说,作者将他们的书发送出去,就像出海的航船,我很高兴有一本书驶进了正确的港湾。

另外有一些读者,他们因为一些个人问题而写信寻求帮助,如果必要的话,我会敦促他们寻求治疗。有些读者再次回信,感谢我在他们寻求帮助时起到的作用。有些读者认为他们现在接受的治疗不起作用,要求我用电子邮件对他们进行治疗。我不用电子邮件进行治疗,因而劝他们坦白面对他们的治疗师,把这些看法公开表达出来。我甚至暗示他们,隐瞒这些想法可能导致他们的治疗无效。在治疗中,他们需要做的是,向治疗师分享他们所有的情感和愿望,有能力的治疗师会欢迎他们这种直率的表达。当然,我要传达的主要是让他们知道我读到他们的信。

朱瑟琳: 听到你说有学生不想学习你教的东西,我感到很难过。这对于心理治疗的未来意味着什么呢?

亚　隆: 我的确感觉到这里有一个钟摆效应,即使在精神病

第6章
亚隆对其治疗工作的反思

学领域也是这样。我也的确听说越来越多的项目又开始引进心理治疗。许多当代的治疗师接受的是手册化的、机械性的训练模式,所有这些都偏离了真诚的相遇。虽然如此,在经过一些年的实践之后,很多这样的治疗师渐渐认识到他们的治疗方法的肤浅,并渴望得到某些更深入、更有深远意义和更持久的东西。这时,治疗师接受研究生心理治疗培训项目或督导,或者通过自己的治疗实践来学习。我可以向你保证,他们绝对不会向实施机械性的、行为的或手册化的治疗方法的治疗师寻求帮助,他们去寻找真诚的相遇,从而认识到那种面对人类状况的内在的挑战。

编后记

> 我喜欢这种陪伴,你知道,情况并不是那么糟。我每天醒来,看到窗外的绿树和鲜花,我很高兴看到它们。情况并不是那么糟。
>
> ——一位垂垂老去的挚友

IRVIN D. YALOM
On Psychotherapy and the Human Condition

> 在生命最深处与人相遇……

2005年,欧文和我去看杰罗姆·弗兰克(Jerome Frank),他是欧文的导师和朋友,住在巴尔的摩跟我家相距不远的一个疗养院。多年来,我们各自或结伴去看望他。随着年事增高,他的身体逐渐衰弱。即使是在身体和心智持续恶化的情况下,杰里(即杰罗姆的昵称)一直穿西装打领带,保持着他的教授风度。"告诉我你现在做些什么,"杰里经常在我们来访时这样问欧文。随后他们就会开始一场别开生面的谈话,涉及欧文的工作和杰里在那段时间里阅读的书(我的角色通常是坐在那里,微笑着,享受他们两人之间的温暖情谊。当然,我对杰里的了解远不如欧文那么多,认识他的时间也远没有欧文那么长)。在这一次的拜访中,杰里没有穿西装,而且,片刻之后,我们开始意识到,他的心智衰退已经相当恶化了。实际上,我们很快就发现,他并不知道我们是谁。我感到很尴尬,不知道该做些什么,只好让欧文去承担这场谈话的挑战。他尝试了几个话题去跟杰里交谈,发现杰里还能记起遥远的过去的一些人,他们就这些人谈了一些话。但随后,欧文的天才开始在这场困难的对话中展现出来,他友善而充满深情地问:"杰里,对你来说,坐在这里跟你不能确定是谁的人一起谈话,那会是怎样的感觉呢?"他总是能够做到关注当下体验!杰里听懂了他的话,并对他的问话里所表达的关心做出回应:"我喜欢这种陪伴,"他说,"你知道,情况并不是那么糟。我每天醒来,看到窗外的绿树和鲜花,我很高兴看到它们。情况并不是那么糟。"我们再一次看到,欧文洞悉了杰里生命感受中的存在本质,他做到了这一点,是因为他敢于讲出我们彼此关联的基本事实。也许,他所有的作品要集中传达的信息就是这个。生命的意义不外乎于此!

欧文·亚隆著作列表

BOOKS

Yalom, I.D., *The Theory and Practice of Group Psychotherapy*. New York: Basic Books, 1970.

Lieberman, M.A., Yalom, I.D., Miles, M.B., *Encounter Groups: First Facts*. New York: Basic Books, 1973.

Yalom, I.D., Elkins, Ginny, *Everyday Gets a Little Closer*. New York: Basic Books, 1974.

Yalom, I.D., *The Theory and Practice of Group Psychotherapy*. New York: Second edition, Basic Books, 1975.

Yalom, I.D., *Existential Psychotherapy*. New York: Basic Books, 1980.

Yalom, I.D., *Inpatient Group Psychotherapy*. New York: Basic Books, 1983.

Yalom, I.D., *The Theory and Practice of Group Psychotherapy*, Third Edition. New York: Basic Books, 1985.

Yalom, I.D., *Love's Executioner and Other Tales of Psychotherapy*. New York: Basic Books, 1989. Paperback Harper Collins, 1990.

Yalom, I.D., Vinogradov, S., *Concise Guide to Group Psychotherapy*. American Psychiatric Press, Inc. Washington, D.C., 1989.

Yalom, I.D., *When Nietzsche Wept*. New York: Basic Books/Harper, 1991. Paperback: HarperCollins, 1992 (Commonwealth Club of California Gold Medal for best fiction of 1993.)

Yalom, I.D., *The Theory and Practice of Group Psychotherapy*, Fourth Edition, 1995. New York: Basic Books.

Yalom, I.D., *Lying on the Couch*, Basic Books, 1996, New York.

Yalom, I.D., *The Yalom Reader*, Basic Books, 1998, New York.

Yalom, I.D., *Momma and the Meaning of Life*, Basic Books, 1999, New York.

Yalom, I.D., *The Gift of Therapy*, HarperCollins Publishers, 2002, New York.

Yalom, I.D., *The Schopenhauer Cure*, HarperCollins Publishers, 2005, New York.

Yalom, I.D., *The Theory and Practice of Group Psychotherapy*, Fifth Edition, Basic Books, May, 2005, New York.

Yalom, I.D., *Staring at the Sun: Overcoming the Terror of Death*. Jossey-Bass, 2008, San Francisco.

VIDEO TAPES

Understanding Group Therapy. Three Volume, Five Tape Videotape Series (Volume One—outpatient groups; Volume Two—inpatient groups; Volume Three—interview). Brooks Cole Publishing Pacific Grove, Ca. Distributed by Victor Yalom through Psychotherapy.net .

Irvin Yalom: Live Case Consultation. Distributed by Victor Yalom through Psychotherapy.net .

The Gift of Therapy, a Conversation with Irvin Yalom, M.D. Distributed by Victor Yalom through Psychotherapy.net .

ARTICLES, CHAPTERS

1. Yalom, I., "Lysergic acid diethylamide," *Maryland State Medical Journal*, 8:14–17, 1959.
2. Yalom, I., "Aggression and forbiddenness in voyeurism," *Archives of General Psychiatry*, 3:305–319, 1960.
3. Yalom, I., "Organic brain diseases of senility," *Maryland State Medical Journal*, December, 1960.
4. Yalom, I., "Group therapy of Incarcerated Sexual Deviants," *Journal of Nerve and Mental Disorders*, 132:158–170, 1961.
5. Jackson, D. and Yalom, I., "Family homeostasis and patient changes," *Current Psychiatric Therapies*, IV:155–165, 1964.
6. Yalom, I., "Planter warts: a case study," *Journal of Nerve and Mental Disorders*, 1964.
7. Yalom, I., "Observation on mourning," *The New Physician*, 13:80–81, 1964.
8. Yalom, I. and Moos, R., "The use of small interactional groups in the teaching of psychiatry," *International Journal of Group Psychotherapy*, 15:242–250, 1965.
9. Jackson, D. and Yalom, I., "Conjoint family therapy as an aid to intensive psychotherapy," in Burton, A. (Ed.) *Modern Psychotherapeutic Practice*, Palo Alto, CA: Science and Behavior Books, Inc., pp. 81–99, 1965.
10. Yalom, I., "Problems of neophyte group therapists," *International Journal of Social Psychiatry*, 7:52–59, 1966.
11. Yalom, I., "A study of group therapy dropouts," *Archives of General Psychiatry*, 14:393–414, 1966.
12. Yalom, I. and Handlon, J., "The use of multiple therapists in the teaching of psychiatric residents," *Journal of Nerve and Mental Disorders*, 141:684–692, 1966.
13. Moos, R. and Yalom, I., "Medical students attitudes toward psychiatry and psychiatrists," *Mental Hygiene*, 50:246–256, 1966.
14. Yalom, I. and Rand, K., "Compatibility and cohesiveness in therapy groups," *Archives of General Psychiatry*, 15:267–275, 1966.
15. Jackson, D. and Yalom, I., "Family research on the problem of ulcerative colitis," *Archives of General Psychiatry*, 15:410–418, 1966.

16. Yalom, I., "Some aspects of symptom removal," *Short Circuit*, 1, 1966.
17. Yalom, I., Houts, P., Zimerberg, S., Rand, K., "Prediction in improvement in group therapy: an exploratory study," *Archives of General Psychiatry*, 17:159–169, 1967.
18. Yalom, I., Houts, P., Newell, G., Rand, K., "Preparation of patients for group therapy: a controlled study," *Archives of General Psychiatry*, 17:416–427, 1967.
19. Hamburg, D., Moos, R., Yalom, I., "Studies of premenstrual and postpartum distress," in Michael, R. (Ed.) *Endocrinology and Human Behavior*, New York: Oxford University Press, pp. 94–116, 1968.
20. Yalom, I., Lunde, D., Moos, R., Hamburg, D., "Postpartum blues syndrome: a description and related variables," *Archives of General Psychiatry*, 18:16–27, 1968.
21. Yalom, I. and Terrazas, F., "Group therapy for psychotic elderly patients," *American Journal of Nursing*, August 1968, 1960–1964.
22. Ebersole, G., Leiderman, P., Yalom, I., "Training the non-professional group therapist: a controlled study," *Journal of Nervous Mental Disorders*, 149:294–302, 1969.
23. Moos, R., Kopell, B., Melges, F., Yalom, I., Lunde, D., Clayton, R., Hamburg, D., "Fluctuations in symptoms and moods during the menstrual cycle," *Journal of Psychosomatic Research*, 13:37–44, 1969.
24. Sklar, A., Yalom, I., Zimerberg, S., Newell, G., "Time-extended group therapy: a controlled study," *Comparative Group Studies*, November 1970, 373–386.
25. Lieberman, M., Yalom, I., Miles, M., "The group experience project: a comparison of ten encounter technologies," in L. Blank, M. Gottsegen, G. Gottsegen (Eds.) *Encounter*, New York: The MacMillan Company, 1971.
26. Yalom, I. and Yalom, M., Hemingway: "A Psychiatric View," *Archives of General Psychiatry*, 24:485–494, 1971.
27. Yalom, I., "A study of encounter group casualties," *Archives of General Psychiatry*, 25:16–30, 1971.
28. Leiberman, M., Yalom, I., Miles, M., "Impact on participants," *New Perspectives on Encounter Groups*, Solomon and Berzon, Jossey-Bass, Inc., pp. 119–170, 1972.
29. Yalom, I., Moffat, S., "Instant intimacy," *Encyclopædia Britannica*, pp. 408–423, *Britannica Yearbook of Science and the Future*, 1972, Encyclopædia Britannica, Inc.
30. Lieberman, M., Yalom, I., Miles, M., "The impact of encounter groups on participants: some preliminary findings," *The Journal of Applied Behavioral Sciences*, 8:1, 1972.
31. Costell, Ronald, M., Yalom, I., "The institutional treatment of sex offenders," in Resnik and Wolfgang (Eds.) *Treatment of the Sexual Offender*, New York: Little, Brown and Co., 1972.
32. Yalom, I., "The future of group therapy," in Hamburg and Brodie (Eds.) *The American Handbook of Psychiatry*, Vol 6, New York: Basic Books, 1973.

33. Yalom, I., Green, R., Fisk, N., "Intrauterine female hormone exposure and psychosexual development in human males," *Archives of General Psychiatry*, Vol 28, 1973.
34. Yalom, I., "Freud, group psychology and group psychotherapy," *International Journal of Group Psychotherapy*, Vol XXIV, No. 1, January 1974.
35. Yalom, I., "Group therapy and alcoholism," *Annals of the New York Academy of Sciences*, 233:85–103, 1974.
36. Yalom, I., Brown, S., Bloch, S., "The written summary as a group psychotherapy technique," *Archives of General Psychiatry*, 32:605–613, 1975.
37. Yalom, I., "Using the here-and-now in group therapy," *Proceedings of the Third Annual Conference of the Group Therapy Department*, Washington Square Institute for Psychotherapy and Mental Health, May 1976.
38. Bloch, S., Bond, G., Qualls, B., Yalom, I., Zimmerman, E., "Patients expectations of therapeutic improvement and their outcomes," *American Journal of Psychiatry*, 133:12, December 1976, pp. 1457–1460.
39. Yalom, I., Bond, G., Bloch, S., Zimmerman, E., Friedmand, L., "The impact of a weekend group experience on individual therapy," *Archives of General Psychiatry*, Vol 34, April 1977, pp. 399–415.
40. Yalom, I., "Existential factors in group psychotherapy," in O. L. McCabe (Ed.) *Changing Human Behavior: Current Therapies and Future Directions*, Grune & Stratton, September 1977.
41. Bloch, S., Bond, G., Qualls, B., Yalom, I., Zimmerman, E., "The evaluation of outcome in psychotherapy by independent judges: a new approach," *British Journal of Psychiatry*, 131:410–414, 1977.
42. Yalom, I., Greaves, C., "Group therapy with the terminally ill," *American Journal of Psychiatry*, 134:4, April 1977, pp. 396–400.
43. Brown, S., Yalom, I., "Interactional group therapy with alcoholics," *Journal of Studies on Alcohol*, 38:3, March 1977, pp. 426–456.
44. Spiegel, D., Yalom, I., "A support group for dying patients," *International Journal of Group Psychotherapy*, 28:2, April 1978.
45. Yalom, I., Bloch, S., Bond, G., Zimmerman, E., Qualls, B., "Alcoholics in interactional group therapy: an outcome study," *Archives of General Psychiatry*, 35:419–425, April 1978.
46. Bond, G., Bloch, S., Yalom, I., Zimmerman, E., Qualls, B., "The evaluation of a 'Target problem' approach to outcome measurement," *Psychotherapy, Theory, Research and Practice*, 16:1, Spring 1979.
47. Spiegel, D., Bloom, J., Yalom, I., "Group support for metastatic cancer patients: a randomized prospective outcome study," *Archives of General Psychiatry*, 38:527–534, May 1981.
48. Finkelstein, P., Wenegrat, B., Yalom, I., "Large group awareness training," in *Annual Review of Psychology*, 33:515–539, 1982.
49. May, R., Yalom, I., "Existential psychotherapy," in R. Corsini (Ed.), *Current Psychotherapies*, Third edition, 1985.

50. Leszcz, M., Yalom, I., Norden, M., "The value of inpatient group psychotherapy and therapeutic process: patients perceptions," *International Journal of Group Psychotherapy*, Vol 35, July 1985.
51. Yalom, I., "Interpersonal learning," in *American Psychiatric Association Annual Review: Vol V* American Psychiatric Press, Inc., 1986.
52. Yalom, I.D., Vinogradov, S., "Bereavement groups: techniques and themes," *International Journal of Group Psychotherapy*, 38:4, October 1988.
53. Yalom, I., Vinogradov, S., "Self-disclosure in group therapy," *Self-disclosure in the Therapeutic Relationship* ed. by G. Stricker and M. Fisher, Plenum Press, N.Y. 1990.
54. Yalom, I.D., Yalom, V., "Brief Interactional group psychotherapy," *Annals of Psychiatry*, 1990
55. Yalom, I.D., Matano, R., "Chemical dependency and interactional group therapy: a synthesis," *International Journal of Group Psychotherapy*, July 1991 p269–295
56. Yalom, I.D., Lieberman, M., "Bereavement and heightened existential awareness," *Psychiatry* 1992.
57. Lieberman, M., Yalom, I.D., "Brief psychotherapy for the spousally bereaved: A Controlled Study," *International Journal of Group Psychotherapy*, vol 42, Jan 1992.
58. Luby, J., Yalom, I.D., "Group therapy of depressive disorders," E.S. Paykel (Ed.) *Handbook of Affective Disorders:2E*, Guilford Press, Churchill-Livingstone, June, 1992.
59. Yalom, I., Vinogradov, S., "Group therapy," in *Textbook of Psychiatry*, American Psychiatric Press, (Hales, Yudofsky, Talbot (eds) Wash D.C. 2nd ed. 1994.
60. Rogers, Carl, *A Way of Being,* Houghton Mifflin (1995), Introduction by Irvin D. Yalom.
61. Yalom, I., Vinogradov, S., "Group therapy," in *Synopsis of Psychiatry*, American Psychiatric Press, Wash. D.C. 1996 page 1063–1097.
62. Rabinowitz, Ilana, *Inside Therapy,* St. Martins Press (1998), Introduction by Irvin D. Yalom.
63. Breuer, Josef and Freud, Sigmund, *Studies in Hysteria,* Basic Books (2000), Introduction by Irvin D. Yalom.

注 释

Guide to Works in Endnotes:

EP = *Existential Psychotherapy*
SC = *The Schopenhauer Cure*
YR = *The Yalom Reader*
GT = *The Gift of Therapy*
STS = *Staring at the Sun*

1. Interview material in this chapter and in chapter 6 is taken from interviews conducted in 2007. Yalom has read and edited all the interview material.
2. In his most recent (5th) edition, the task of assimilating the current professional literature was taken over by a colleague, a former student, Molyn Leszcz M.D.
3. EP, p. 291
4. EP, p. 137
5. Allen Wheelis was an existential psychoanalyst who wrote many books. The following story is adapted from his book *The Listener* (Norton, 1999).
6. Pfister Lecture, 2002, available at www.yalom.com
7. STS, p. 5
8. EP, p. 145
9. EP, pp. 117–8
10. It is interesting that his early mentor, Jerome Frank, had been the first recipient of the Oscar Pfister prize.
11. Pfister Lecture, 2002.
12. STS, p. 194
13. STS, p. 197
14. STS, p. 7
15. STS, p. 83
16. STS, p. 201
17. Pfister Lecture, 2002.

18 STS, p. 201
19 LE Foreword
20 Adapted from *When Nietzsche Wept*
21 STS, p. 206.
22 Nietzsche, *The Gay Science*, p. 14, cited in YR, p. 379.
23 SC, p. 1
24 SC, p. 99
25 SC, p. 100
26 SC, pp. 288–9
27 SC, p. 331
28 YR, p. 414
29 YR, p. 420
30 YR, p. 421
31 GT, p. 17–18
32 GT, p. 26
33 GT, p. 30
34 GT, p. 233
35 GT, pp. 232–3
36 GT, pp. 222–3
37 GT, p. 223
38 GT, p. 251
39 GT, p. 252
40 GT, p. 256
41 GT, p. 257
42 GT, pp. 258–9

欧文·亚隆经典作品

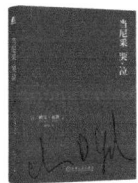

《当尼采哭泣》
作者：[美] 欧文·D. 亚隆　译者：侯维之

这是一本经典的心理推理小说，书中人物多来自真实的历史，作者假托19世纪末的两位大师——尼采和布雷尔，基于史实将两人合理虚构连结成医生与病人，开启一段扣人心弦的"谈话治疗"。

《成为我自己：欧文·亚隆回忆录》
作者：[美] 欧文·D. 亚隆　译者：杨立华 郑世彦

这本回忆录见证了亚隆思想与作品诞生的过程，从私人的角度回顾了他一生中的重要人物和事件，他从"一个贫穷的移民杂货商惶恐不安、自我怀疑的儿子"，成长为一代大师，怀着强烈的想要对人有所帮助的愿望，将童年的危急时刻感受到的慈爱与帮助，像涟漪一般散播开来，传递下去。

《诊疗椅上的谎言》
作者：[美] 欧文·D. 亚隆　译者：鲁宓

世界顶级心理学大师欧文·亚隆最通俗的心理小说
最经典的心理咨询伦理之作！最实用的心理咨询临床实战书
三大顶级心理学家柏晓利、樊富珉、申荷永深刻剖析，权威解读

《妈妈及生命的意义》
作者：[美] 欧文·D. 亚隆　译者：庄安祺

亚隆博士在本书中再度扮演大无畏心灵探险者的角色，引导病人和他自己迈向生命的转变。本书以六个扣人心弦的故事展开，真实与虚构交错，记录了他自己和病人应对人生最深刻挑战的经过，探索了心理治疗的奥秘及核心。

《叔本华的治疗》
作者：[美] 欧文·D. 亚隆　译者：张蕾

欧文·D. 亚隆深具影响力并被广泛传播的心理治疗小说，书中对团体治疗的完整再现令人震撼，又巧妙地与存在主义哲学家叔本华的一生际遇交织。任何一个对哲学、心理治疗和生命意义的探求感兴趣的人，都将为这本引人入胜的书所吸引。

更多>>>　《爱情刽子手：存在主义心理治疗的10个故事》 作者：[美] 欧文·D. 亚隆